广东省铁路建设管理标准化系列丛书

铁路建设工程监督检查实务手册

第六分册 铁路四电工程

广东省交通运输厅 组织编写

人民交通出版社股份有限公司

北京

内 容 提 要

《铁路建设工程监督检查实务手册》共6个分册，包括参建单位责任、路基与轨道工程、桥涵工程、隧道工程、房建工程、铁路四电工程。本书为第六分册，主要介绍铁路电力、电力牵引供电工程现场安全监督检查，铁路通信、信号、信息工程现场安全监督检查，铁路电力工程质量监督检查，铁路电力牵引供电工程质量监督检查，铁路通信工程质量监督检查和铁路信号工程质量监督检查。

本书作为铁路建设工程监督检查实务手册，可供各级铁路建设行政主管部门、监管部门、监督机构和建设管理单位参考使用。

图书在版编目(CIP)数据

铁路建设工程监督检查实务手册.第六分册,铁路四电工程 / 广东省交通运输厅组织编写. —北京 ：人民交通出版社股份有限公司,2023.7

ISBN 978-7-114-18817-6

Ⅰ.①铁… Ⅱ.①广… Ⅲ.①铁路工程—工程施工—监督管理—广东—手册②电气化铁路—工程施工—监督管理—广东—手册　Ⅳ.①U215.1-62

中国国家版本馆 CIP 数据核字(2023)第092738号

Tielu Jianshe Gongcheng Jiandu Jiancha Shiwu Shouce
Di-Liu Fence　Tielu Sidian Gongcheng

书　　名：	铁路建设工程监督检查实务手册　第六分册　铁路四电工程
著　作　者：	广东省交通运输厅
责任编辑：	郭晓旭
责任校对：	赵媛媛
责任印制：	张　凯
出版发行：	人民交通出版社股份有限公司
地　　址：	(100011)北京市朝阳区安定门外外馆斜街3号
网　　址：	http://www.ccpcl.com.cn
销售电话：	(010)59757973
总　经　销：	人民交通出版社股份有限公司发行部
经　　销：	各地新华书店
印　　刷：	北京建宏印刷有限公司
开　　本：	889×1194　1/16
印　　张：	10
字　　数：	187千
版　　次：	2023年7月　第1版
印　　次：	2023年11月　第2次印刷
书　　号：	ISBN 978-7-114-18817-6
定　　价：	72.00元

(有印刷、装订质量问题的图书，由本公司负责调换)

《铁路建设工程监督检查实务手册》

编审委员会

主　任： 贾绍明

副主任： 梁育辉　　王　新　　陈德柱　　张　强

委　员： 许传博　　肖宇松　　张　帆　　符　兵
　　　　　顾建华　　刘智成　　黄力平　　余国武
　　　　　安春生　　刘明江　　李奎双　　庄碧涛
　　　　　姜云楼　　肖秋生　　王爱武　　谭　文
　　　　　潘明亮　　张　峰　　陈山平　　郭明泉
　　　　　张晓占　　张春武

《铁路建设工程监督检查实务手册》

参与单位

主编单位: 中铁大桥勘测设计院集团有限公司

参编单位: 广东省铁路建设投资集团有限公司

广州地铁集团有限公司

深圳市地铁集团有限公司

广东省交通建设工程质量检测中心

广东省交通运输工程造价事务中心

中铁武汉勘察设计院有限公司

《铁路建设工程监督检查实务手册
第六分册　铁路四电工程》

参与人员

主要起草人员： 张春武　吴博博　蔡云峰　徐　程
　　　　　　　　　胡开东　胡抑扬　杨　念　顾　闻
　　　　　　　　　孟军锋

主要审查人员： 王　新　许传博　符　兵　王增力
　　　　　　　　　张晓占　尹中彬

FOREWORD 序 言

推动铁路高质量发展是新时代新征程铁路工作的主题。高质量发展,离不开高质量的监管。广东省交通运输厅组织中铁大桥勘测设计院集团有限公司、中铁武汉勘察设计院有限公司等编制的《广东省铁路工程监管工作标准化指南》和《铁路建设工程监督检查实务手册》(以下分别简称《指南》和《手册》)是推动铁路建设工程监督工作规范化、正规化的具体举措,是推动铁路建设高质量发展、打造"轨道上的大湾区"、助力交通强省建设的重要体现。

《指南》聚焦基层监管人员监督业务不熟练、检查尺度不统一等难题,从"为什么查、查什么、怎么查、查完怎么办"等角度入手,系统地介绍了监管责任分工、监督服务机构的设置和人员要求,阐述了监管工作的方式方法,全面总结了勘察设计、工程造价、质量安全、建设市场秩序、投诉举报和事故调查等监管活动的工作要求和业务流程。《手册》以坚持问题导向、突出重点为原则,明确了工程质量安全的检查事项、检查环节、检查内容、检查方法、依据条款、问题描述、问题定性和处理,采用清单形式,简单明了,便于检查人员操作。

《指南》和《手册》具有很强的操作性,通过统一监管工作要求,细化工作流程,规范监管行为,明确监管重点事项实施清单,可进一步提升铁路监管效能。

《指南》和《手册》有利于指导和督促各工程参建单位全面落实各方主体责任,保证工程优质安全,有助于建设、设计、监理、施工单位技术与管理人员掌握铁路工程质量安全管理要点,检查、监督、控制工程的质量安全,对从事铁路建设工程监管和建设管理的读者也会有一定的帮助。

谨向广大的铁路建设管理人员推荐本系列丛书。

中国工程院院士

2023 年 6 月

PREFACE 前 言

为进一步规范和加强铁路建设工程监管工作,推进铁路高质量发展,依法履行监管职责,提升监管效能,建设优质安全、绿色高效的现代化铁路,广东省交通运输厅组织中铁大桥勘测设计院集团有限公司、中铁武汉勘察设计院有限公司等编制了《铁路建设工程监督检查实务手册》(以下简称《手册》)。《手册》依据现行铁路建设有关法律法规,充分吸收和总结国家铁路局及其地区监督管理局、广东省铁路建设工程监管工作的经验编制而成。

铁路是国家战略性、先导性、关键性重大基础设施,是国民经济大动脉、重大民生工程和综合交通运输体系骨干,在经济社会发展中的地位和作用至关重要。推动新时代铁路高质量发展,离不开有力有效的监管。《手册》的编制,既是落实中共中央、国务院印发的《质量强国建设纲要》和《国务院办公厅关于深入推进跨部门综合监管的指导意见》(国办发〔2023〕1号)的要求,强化事前事中事后全链条监管,提升监管工作标准化、规范化的务实举措,也是督促监管人员落实监管责任、规范监管行为的重要体现。

《手册》分为6个分册,包括《第一分册 参建单位责任》《第二分册 路基与轨道工程》《第三分册 桥涵工程》《第四分册 隧道工程》《第五分册 房建工程》和《第六分册 铁路四电工程》。《手册》具有以下主要特点:一是全面贯彻落实国家及铁路行业现行的法律、法规和标准规范,以推动铁路高质量发展为目标,坚持问题导向、突出重点为原则,确定了铁路建设工程现场安全、工程实体质量检查的事项清单。二是采用清单形式条目化地呈现了铁路各专业重点监管事项的检查环节、检查内容和检查方法,同时一一对应列出了每项检查内容依据的法律条款,问题的描述、突出问题的定性和行政处理建议,便于检查人员操作。三是每册附录列出了铁路建设工程监督检查常用的法律、法规、规章、制度、标准和规范等,并加以编号,在正文中以编号列出,方便查阅,例如:A01指附录"A 法律"的《中华人民共和国建筑法》,以此类推。

本书为《手册》的第六分册,主要介绍铁路电力、电力牵引供电工程现场安全监督检查,铁路通信、信号、信息工程现场安全监督检查,铁路电力工程质量监督检查,铁路电力牵引供电工程质量监督检查,铁路通信工程质量监督检查和铁路信号工程质量监督检查;旨在明确铁路电力、电力牵引供电、通信和信息工程实体质量、现场安全监督重点事项,突出施工、监理控制关键环节,督促参建各方压实主体责任,克服当前铁路四电工程常见的质量通病,提高建设管理水平,保证工程优质安全。

《手册》编撰过程中,参考了大量铁路相关法律、法规、规范规程、验收标准和参考文献资料,特向原作者个人和单位表示感谢。同时,国家铁路局、广州铁路监督管理局给予了大力支持,在此一并感谢。

《手册》作为铁路建设工程监管工作的依据,供各级铁路建设行政主管部门、监管部门、监督机构和建设管理单位参考使用。使用过程中发现的问题和意见建议,请反馈至广东省交通运输厅地方铁路处(地址:广州市越秀区白云路27号,邮政编码:510101),供今后修订参考。

广东省交通运输厅
2023年6月

CONTENTS 目 录

第一章 铁路电力、电力牵引供电工程现场安全监督检查 …………………… 1
    一、铁路电力工程 ……………………………………………………………… 1
    二、铁路电力牵引供电工程 …………………………………………………… 3
    三、监督检查事项 ……………………………………………………………… 5

第二章 铁路通信、信号、信息工程现场安全监督检查 ………………………… 17
    一、铁路通信工程 ……………………………………………………………… 17
    二、铁路信号工程 ……………………………………………………………… 19
    三、铁路信息工程 ……………………………………………………………… 21
    四、监督检查事项 ……………………………………………………………… 21

第三章 铁路电力工程质量监督检查 ………………………………………………… 29
    一、主要检查内容 ……………………………………………………………… 29
    二、质量控制措施 ……………………………………………………………… 30
    三、监督检查事项 ……………………………………………………………… 35

第四章 铁路电力牵引供电工程质量监督检查 …………………………………… 60
    一、主要检查内容 ……………………………………………………………… 60
    二、质量控制措施 ……………………………………………………………… 60
    三、监督检查事项 ……………………………………………………………… 66

第五章 铁路通信工程质量监督检查 ………………………………………………… 90
    一、主要检查内容 ……………………………………………………………… 90
    二、质量控制措施 ……………………………………………………………… 91
    三、监督检查事项 ……………………………………………………………… 99

第六章　铁路信号工程质量监督检查 …………………………………………………… 126
　一、主要检查内容 ………………………………………………………………………… 126
　二、质量控制措施 ………………………………………………………………………… 126
　三、监督检查事项 ………………………………………………………………………… 130
附录　铁路建设工程监督检查常用的法律、法规、规章、制度、标准和规范
………………………………………………………………………………………………… 141

第一章
铁路电力、电力牵引供电工程现场安全监督检查

铁路四电工程指铁路电力工程、铁路电力牵引供电工程、铁路通信工程和铁路信号工程。本章介绍铁路电力工程和铁路电力牵引供电工程现场安全监督检查的主要内容和安全控制措施。

一、铁路电力工程

铁路电力系统主要由从地方电网接引的高压电源线路,10kV及以上的变(配)电所,沿铁路设置的两条区间电力线路,站场及区间高、低压电力线路,10kV/0.4kV变电所,箱式变电所,动力配线,室外照明,电气设备防雷接地,机电设备监控及火灾自动报警系统以及电力远动系统等构成,是为除机车牵引负荷以外所有铁路相关负荷提供交流电源的系统。

铁路电力工程施工主要包括:变(配)电所、电缆线路、架空线路、低压配电、电气照明、电力远动、机电设备监控、防雷接地、系统调试等子系统的施工。

1. 现场基本作业的现场安全监督检查主要内容(也适用于电力牵引供电工程)

(1)车梯、轨行车辆现场作业安全。

(2)线路绝缘及导通测试、通电作业程序及施工安全。

(3)电缆沟开挖及浇筑作业、电缆线路安装施工安全。

(4)防雷接地安全防护情况。

2. 安全控制措施

1)车梯作业安全控制措施

(1)应指定车梯作业负责人,车梯上的作业人员不得超过2人。

(2)工作平台上不得放置材料、工机具。

(3)营业线使用车梯应按计划上道,严禁无计划上道和转道。

(4)当邻线有列车通过时,作业人员应停止作业。

当车梯在曲线上或遇大风时,车梯应采取防倾倒措施,当外轨超前大于或等于125mm或风力五级以上时,未采取固定措施不得登车梯作业,当车梯在长大坡道上时,应有防止滑移的措施。

(5) 车梯在地面推动时,工作台上不允许有人。

(6) 车梯上的作业人员不得将安全带系在车梯工作台的框架上。

(7) 隧道和夜间施工时,车梯应在行车方向侧悬挂黄色反光标志牌。

(8) 邻近线路存放的车梯不得侵入铁路建筑限界及影响瞭望信号。

(9) 使用车梯进行作业时,作业人员登梯前应检查梯子是否结实,安放是否牢靠,是否有人扶梯。

2) 轨行作业车安全控制措施

(1) 轨行车辆分解作业,须提前明确每台车作业范围,以及作业完毕后停留车列和运行连挂车辆的位置。

(2) 使用接触网作业车作业时,作业平台应由专人操作。

(3) 在外轨超高大于或等于125mm区段采用具有自动调平功能的作业平台作业时,应开启调平功能。

(4) 作业平台等旋转作业机构不得转向邻线有电区域或未封锁线路。

(5) 作业平台动作或作业车移动时不得上下人员。

(6) 车辆移动过程中不得操作作业机构。

(7) 作业平台、高空作业斗、随车起重机不得超载或斜拉、顶举固定设施。

(8) 作业车非作业运行时,作业平台上不得有人。

(9) 电气化区段使用轨行车辆,应先确认是否停电,如未停电应符合有关安全规定。

3) 线路绝缘、导通测试、通电作业安全控制措施

(1) 应统一指挥,通信联络通畅。

(2) 测试时线路上不得有人作业。

(3) 测试用连接线用绝缘导线。

(4) 在接线过程中,兆欧表不得处于工作状态。

(5) 新建线路设备送电前15d,建设单位要通告铁路沿线相关单位。

3. 铁路电力工程现场安全监督检查的主要内容

(1) 变(配)电所、架空线路杆塔组立及拉线安装现场施工安全情况。

(2) 电力工程调试及送电开通。检查电力工程调试与送电开通施工中停电作业、电力远动系统调试及铁路工程联调联试中的电力专业相关工作是否满足安全要求,新建线路设备是否提前15d进行了送电通告等。

(3)营业线及邻近营业线施工安全。

4.铁路电力工程安全控制措施

1)变(配)电所组立构支架

(1)堆放场地应平坦、坚实;构支架堆放应整齐、稳固,按规定位置设置垫木。

(2)向坑内放置底盘、卡盘、拉盘时,坑内不得有人。

(3)组立构支架时,应采取防倾倒措施。

(4)构支架支柱立起后,如需下坑作业,应装好支柱整正器,确认坑壁稳固、无塌陷危险。

(5)构支架支柱在基础上就位后,应在地脚螺栓与构支架紧固牢靠后再摘钩。

(6)整正钢柱时,地脚螺栓的螺母只可松动,不得卸下。

(7)构支架支柱整正时,应用力均匀、动作平衡,不得猛拉猛推。

(8)构支架支柱整正后应及时回填,填土应分层夯实,每回填不大于0.3m夯实一次。

(9)混凝土基础强度达到设计值50%以上并回填夯实后,方可进行组立和二次灌筑;达到设计值的70%以上后,方可进行上杆作业。

(10)使用梯子时应安放牢固并有人扶持。

2)变压器安装

不得在变压器长轴一侧的两端同时顶升变压器。

3)架空线路

(1)吊车组立杆塔时应加三方拉绳,立正回填夯实后方可撤去拉绳。

(2)杆塔头部起立至离地面0.5~1m时,应暂停牵引,待检查确认无异状后方可继续志立杆塔;杆塔起立到与地面成70°时应减慢牵引速度。

二、铁路电力牵引供电工程

铁路电力牵引供电系统是从高压电力系统或专用电源经变换供给铁路电力机车及其辅助设备用电的电力网络。其工程内容主要有牵引变电所、接触网和供电调度及远动系统。牵引变电所把区域电力系统送来的电能,根据电力牵引对电流和电压的不同要求,转变为适用于电力牵引的电能,然后分别送到沿铁路线上空架设的接触网,为电力机车供电。

1.铁路电力牵引供电工程现场安全监督检查的主要内容

铁路电力牵引供电工程主要检查接触网支柱组立、支持结构装配、承力索及接触线架设、接触悬挂调整、电力牵引供电工程调试及送电开通和营业线及邻近营业线施工等作业内容和事项。

2. 铁路电力牵引供电工程安全控制措施

1) 接触网支柱组立

(1) 支柱堆放地点应平坦坚实,支柱堆放应整齐稳固。

(2) 利用平板车装载支柱或横卧板等混凝土制品时,应装载均匀,放置平稳、牢靠。安装支柱或撒料时,应根据载重情况均匀卸载,防止偏载。

(3) 待整正的支柱不得向线路侧倾斜,股道间支柱应顺线路倾斜。

(4) 组立支柱时坑内不得有人。

(5) 深水基坑、塌方基坑应先处理再立杆,立杆后不得倚靠坑壁和模板,并应及时整正。

2) 接触网支柱整正

(1) 不得利用钢轨整正支柱,整正过程中支柱的任何部分和整正器均不得侵入铁路建筑限界。

(2) 整正器使用时,应用力均匀,注意平衡两整正器的动作,不得猛拉猛推,以防支柱折断。

(3) 需下坑作业时,应装好支柱整正器,确认坑壁稳固、无塌陷危险。

(4) 坑内有人时不得移动支柱、不得向坑内放置横卧板。

(5) 整正后应及时回填,填土应分层夯实,每回填不大于0.3m夯实一次。

(6) 整正钢柱时,地脚螺栓的螺母只可松动,不得卸下。

3) 腕臂装配

(1) 支柱未整正完成前,不得上杆作业。

(2) 吊装腕臂时,下方不得站人。

(3) 零部件应按规定力矩要求紧固,不得在安装高处对主要零部件做临时固定。

4) 接触网悬挂调整

(1) 作业人员不得位于线索受力方向的反侧,曲线上的作业人员应位于曲线外侧,应采取防止线索滑落措施。

(2) 作业时不得踩踏棒式绝缘子。

5) 调试及送电开通

(1) 试验前,在检测区段两端距离带电接触网500m处设置明显的安全距离标志牌。

(2) 冷滑试验车上受电弓在冷滑试验时应接地。

(3) 送电开通前,电力牵引供电系统工程已全部完工,并经验收检查质量合格。

(4) 由建设单位牵头组织设计、监理、施工、运行接管单位成立送电开通领导小组,建立应急抢修组织。

(5) 与送电开通有关的各种规章制度已建立。

（6）施工单位编制开通方案并报批。

（7）送电公告由当地政府和电视台或广播电台播发，并在沿线车站及主要居民点完成发放、张贴及宣传。

（8）送电开通时，电气操作人员应执行工作票制度、一人操作一人监护及呼唤应答制度；操作人和监护人应穿绝缘靴，操作人应戴绝缘手套。

三、监督检查事项

铁路电力、电力牵引供电工程现场安全监督检查项点主要有检查环节、检查内容和方法、检查依据、常见问题或情形、定性、处理依据和处理措施，具体内容详见表1-1~表1-3。

通用要求

表 1-1

序号	检查环节	检查内容和方法	检查依据	常见问题或情形	定性	处理依据	处理措施
1	一般规定	查危险源辨识和方案制订审批情况	D07 第3.1.1条	未对危险源进行辨识，对危险性较大或技术复杂的分部工程、分项工程未制订专项施工方案并按规定审批	未编制专项施工方案	B01 第六十五条	责令改正
2	一般规定（车梯）	查车梯现场作业的施工安全	D07 第3.1.20条	1.未指定车梯负责人，车辆上的作业人员超过2人； 2.工作平台上放置材料、工机具； 3.营业线使用车梯时未按计划上道，或非计划转道； 4.车梯在曲线上或遇大风时，车梯负责人和推扶人员未采取防止车梯倾倒的措施；当外轨超高大于或等于125mm或遇五级风以上时，未采取固定措施就登车梯作业；当车梯在长大坡道上时，未采取防止滑移的措施； 5.车梯在地面上推动时，工作台上有人停留；	未根据气候变化采取相应的安全施工措施	B01 第六十四条	责令改正

续上表

序号	检查环节	检查内容和方法	检查依据	常见问题或情形	定性	处理依据	处理措施
2	一般规定（车梯）	检查车梯现场作业的施工安全	D07 第3.1.20条	6. 车梯上的作业人员将安全带系在车梯工作台框架上； 7. 隧道内夜间施工时，车梯在侧车方向侧未悬挂反光警示标志； 8. 车梯存在侵入铁路建筑限界及影响瞭望信号	未在危险部位设置明显的安全警示标志	B01 第六十二条	责令改正
3	一般规定（轨行车辆）	检查轨行车辆作业的施工安全	D07 第3.1.21条	1. 轨行车辆分解作业未提前明确每台作业范围，以及作业完毕后停留车列和运行连接挂车辆的位置； 2. 在外轨超高大于125mm或区段采用具有自动调平功能的作业平台作业时，未开启调平功能； 3. 车辆移动时作业车移动时上、下人员； 4. 作业平台或作业机构转向邻线电区域或未封锁线路； 5. 作业平台斗、高空作业斗、随车起重机等旋转作业机构；作业机臂载斜拉、顶举固定设施； 6. 电气化区段使用轨行车辆未确认是否停电，不符合相关安全规定	安全措施不到位	—	责令改正

7

续上表

序号	检查环节	检查内容和方法	检查依据	常见问题或情形	定性	处理依据	处理措施
4	一般规定(线路绝缘、导通)	检查线路绝缘、导通测试过程中的施工安全	D07 第3.1.22条	1. 线路绝缘、导通测试未统一指挥,通信联络不畅通; 2. 测试时线路上有人作业; 3. 在有感应电压的线路上测试; 4. 在有雷雨、大雾等恶劣天气时测试; 5. 测试用的连接线未采用绝缘导线; 6. 在接线过程中兆欧表处于工作状态; 7. 测试完成后,未对线路放电	—	—	责令改正
5	一般规定(通电)	检查送电通告是否按规定发布	D07 第3.1.23条	新建线路设备送电前15d,建设单位未通告铁路沿线相关单位	—	—	责令改正
6	开挖及埋筑作业	检查地下管线核对情况和方案编制及审批	D07 第3.2.2条、第3.2.4条	1. 基坑坑边放置重物和工具,弃土距坑边小于0.6m,堆土超过1.5m高;居民区或交通道路处基坑开挖作业现场未设置围挡,围挡防护未放坡和采用支护措施;特殊不良地质基坑开挖未放坡和采用支护措施; 2. 未核对施工地段地下管线状况并编制施工方案,且方案未经审批或电缆过轨道或公路施工情况下开展电缆过轨道或公路施工	未在危险部位设置明显的安全警示标志,未编制专项施工方案	B01 第六十二条、第六十五条	责令改正

第一章 ◇ 铁路电力、电力牵引供电工程现场安全监督检查

续上表

序号	检查环节	检查内容和方法	检查依据	常见问题或情形	定性	处理依据	处理措施
7	电缆线路	查电缆放线过程中的安全防护情况	D07 第3.3.1条	1. 电缆盘人力绞盘，绞盘车没有制动措施；2. 放线支架底座不坚固、不平坦；顶升电缆盘盘轮离地大于100mm；3. 进入电缆井放缆前未检测有害气体；电缆井内未采取防火、防水及防高空落物等措施；井口无人看守；4. 电缆穿空洞敷设时，未采取避免刮伤电缆的保护措施	—	—	责令改正
8	防雷接地	查接地作业现场的安全防护情况	D07 第3.4.2条、第3.4.3条	1. 接地体埋设时扶持人员和抡锤人员相对作业；2. 接地体热熔焊接作业时，焊药存放未远离易燃物，作业人员未预热，焊接前模具未干燥，作业人员未佩戴隔离手套，未在模腔喷溅口侧面进行引燃作业	—	—	责令改正

注：各责任单位未按照法律、法规和工程建设强制性标准进行建设、勘察、设计、施工和监理而导致建设工程实体和现场存在安全隐患的，责令限期改正；情节严重或逾期未改正的，责令停业整顿；造成重大安全事故、重大伤亡事故或者其他严重后果，处以罚款；构成犯罪的，依照刑法有关规定追究刑事责任。

9

电力监督检查事项

表1-2

序号	检查环节	检查内容和方法	检查依据	常见问题或情形	定性	处理依据	处理措施
1	变（配）电所	查构支架现场存放和组立现场施工的安全情况	D07 第4.1.1条	1. 构支架堆放不整齐，不稳固，未按规定设置垫木； 2. 构支架组立时未采取防倾倒措施； 3. 构支架支柱在基础上就位后，未紧固牢靠就摘钩； 4. 构支架支柱整正后未及时回填，填土未分层夯实	安全措施不足	—	责令改正
2	架空线路杆塔组立	查杆塔组立施工现场是否符合安全要求	D07 第4.2.1条	1. 组立杆塔未配备足够劳力，未设专人指挥，分工不明确； 2. 地面组装杆塔时，将手指捅入螺孔内找正，在市区、地面狭窄等地区组立时未采取安全措施； 3. 人工立杆时未设专人看护；抱杆立在不良地质的地面时根部没有采取安全措施	安全措施不足	—	责令改正
3	架空线路拉线安装	查拉线安装施工是否符合安全要求	D07 第4.2.2条	拉线安装时将拉线盘丢入坑内，马道对面有人；拉线安装时线夹否板与拉线不密贴，受力后有滑移现象，拉线回头与本线未扎牢；位于交通要道或人易触及地方的拉线没有防护措施	—	—	责令改正

续上表

序号	检查环节	检查内容和方法	检查依据	常见问题或情形	定性	处理依据	处理措施
4	电力工程调试与送电开通	查停电作业安全情况，电力远动系统调试安全作业，联调联试时与电运行专业相关工作的安全措施	D07 第4.5.1条、第4.5.2条、第4.5.3条	1.停电作业未实行工作票制度，未在已停电设备的开关操作把手上悬挂标志牌； 2.被搭站未设操作人员，人员防护不到位；倒闸作业程序及供电运行方式不明确； 3.未编制应急预案或者应急预案不具有针对性，相关措施未落实	未设置警示标志，人员防护不到位	—	责令改正
5	营业线及邻近营业线施工	查营业线及邻近营业线施工安全	D07 第4.6.1条	1.营业线及邻近营业线施工时，将金属器具搭接在钢轨上； 2.开挖作业前未进行光、电缆等地下设施的调查和探测； 3.施工前未划分施工作业区，未隔离并设置警示标志； 4.施工时作业人员在非作业区走动，非作业人员进入工作区； 5.施工完成后未检查相序，恢复供电后未检查供电电压； 6.新架设的导线与带电高压线路邻近或平行时未临时接地	营业线施工管理不到位	—	责令改正

电力牵引供电监督检查事项

表 1-3

序号	检查环节	检查内容和方法	检查依据	常见问题或情形	定性	处理依据	处理措施
1	接触网支柱组立	查支柱组立施工安全	D07 第5.1.1条	1. 接触网支柱存放不整齐，不稳固； 2. 利用平板车装载支柱或横卧板等混凝土制品时未装载匀称，安装支柱或撒料时未均匀卸载，造成偏载； 3. 待整正的支柱向线路侧倾斜，股道间支柱未顺路线倾斜； 4. 组立支柱时坑内有人； 5. 深水基坑，塌方基坑未处理就立杆，立杆后依靠坑壁和模板	未按施工标准施工	—	责令改正
2	支持结构装配	1. 查吊装腕臂现场安全、零部件固定情况； 2. 查行人防护措施； 3. 查抱箍式硬横梁的临时托架	D07 第5.5.1条、第5.5.2条、第5.5.3条	1. 吊装腕臂时，下方有人员；零部件未按规定力矩要求紧固，在高处做临时固定； 2. 在车站或行人较多的地方未设行人防护、杆塔及软横跨下站人防护； 3. 安装抱箍式硬横梁时，未在两根支柱上部安装临时托架	安全防护措施不足	—	责令改正

续上表

序号	检查环节	检查内容和方法	检查依据	常见问题或情形	定性	处理依据	处理措施
3	承力索及接触线架设	查承力索及接触线架设施工安全	D07 第5.6.1条~第5.6.3条	1. 补偿装置安装不符合要求，提升坠砣串时连接件不牢固，下方及近旁有人；补偿绳在滑轮上缠绕前未将扭力彻底释放，缠绕时未顺着绞线方向，使用有缺陷的补偿绳； 2. 承力索及接触线架设不符合安全要求，未调查现场干扰情况，未制定相应的安全措施；架线时线索下方、坠砣下面及近旁有人； 3. 接触线每跨内吊弦少于3根，在曲线外侧支柱定位环上未临时固定放线滑轮； 4. 下锚作业时不符合安全要求，紧线平稳施加张力，各处人员停止滑行状态；作业完成后，未观察锚柱状态；发生卡滑未紧停止紧线，没有防止坠砣串动的措施	—	—	责令改正
4	接触悬挂调整	1. 查作业人员现场站位； 2. 查相关结构防滑落、坠落措施	D07 第5.7.1条、第5.7.2条	1. 作业人员位于线索受力方向的反侧，曲线作业人员位于曲线内侧，现场未采取防止线索滑落的措施； 2. 使用拉力计时，未采取防止器具高空坠落措施	—	—	责令改正

续上表

序号	检查环节	检查内容和方法	检查依据	常见问题或情形	定性	处理依据	处理措施
5	电力牵引供电工程调试及送电开通	查冷滑试验过程中的施工安全	D07 第5.10.1条	1. 在六级以上大风、雷雨、暴雪、浓雾、冰冻等恶劣天气下进行接触网冷滑试验； 2. 试验前检测区段两端接触网未临时接地线，邻近带电接触网未设置双接地； 3. 试验前在检测区段两端距离带电接触网500m处未设置明显的安全距离标志牌； 4. 冷滑试验车辆制动、通信联络和照明设施不可靠； 5. 试验时检测区段的线路上和接触网上有作业人员和障碍物； 6. 试验时冷滑试验车安全监视员未面向冷滑试验车的前进方向； 7. 冷滑试验车上没有紧急降弓装置； 8. 冷滑试验车上受电弓在试验时没有接地	—	—	责令改正

续上表

序号	检查环节	检查内容和方法	检查依据	常见问题或情形	定性	处理依据	处理措施
6	电力牵引供电工程调试及送电开通	查牵引供电系统送电开通方案、组织机构、人员培训、规章制度和送电公告	D07 第5.10.2条	1. 电力牵引供电系统在送电开通前没有全部完工，没有经过检查验收合格； 2. 建设单位未牵头组织设计、监理、施工、运行接管单位成立送电开通领导小组，未建立应急抢修组织； 3. 施工单位未编制开通方案并报批，方案未包括送电范围、组织方式、机构设置地点、通信联络方式、送电起动程序、应急抢修措施等内容； 4. 参与送电开通的相关人员，没有进行安全教育和技术培训并考核合格； 5. 未建立送电开通的相关规章制度； 6. 未联系当地政府和电视台播发送电公告，未在沿线车站及主要居民点发放、张贴和宣传	—	—	责令改正

续上表

序号	检查环节	检查内容和方法	检查依据	常见问题或情形	定性	处理依据	处理措施
7	电力牵引供电工程调试及送电开通	查送电开通、电气化操作人员的安全行为	D07 第5.10.3条~第5.10.5条	1. 牵引变电所送电开通前没有进行安全检查； 2. 接触网开通前没有进行相关安全检查； 3. 送电开通前,电气化操作人员未执行工作票制度,未执行一人操作一人监护及呼唤应答制度,没有穿戴绝缘装备	—	—	责令改正
8	营业线及邻近营业线施工	查营业线及邻近营业线施工安全	D07 第5.11.1条、第5.11.3条	1. 未提前熟悉施工现场和了解既有设备,未明确各施工组的相互配合关系；施工前未对施工工具、安全用具及接地信工具等进行安全检查；停电作业,验电及通作业前未对施工工具、安全用具及接地信工具等进行安全检查； 2. 施工区段有轨车和车辆同时作业时,未采取安全防护措施	—	—	责令改正

第二章
铁路通信、信号、信息工程现场安全监督检查

本章介绍铁路通信、信号、信息工程现场安全监督检查的主要内容和安全控制措施。

一、铁路通信工程

铁路通信，是指铁路运输生产和建设中，利用各种通信方式进行各种信息传送和处理的技术与设备。铁路通信是以运输生产为重点，主要功能是实现行车和机车车辆作业的统一调度与指挥。但因铁路线路分散，支叉繁多，业务种类多样化，组成统一通信的难度较大。为指挥运行中的列车，必须用无线通信，因此铁路通信必须是有线和无线相结合，采用多种通信方式。利用有线通信、无线通信、光纤通信等技术和设备，传输和交换处理铁路运输生产和建设过程中的各种信息。

1．现场基本作业安全监督检查主要内容（也适用于信号、信息工程）

现场基本作业安全监督检查主要内容包括：一般规定、坑孔作业、发电机、梯子、钻孔作业、光电缆线路、隧道及桥梁地段施工、机房设备、网络安全等作业内容和事项。

2．安全控制措施

1）一般规定

（1）施工单位应编制危险源辨识和危险性较大或技术复杂的分部分项工程的专项方案，并按照有关规定完成审批或备案工作。

（2）施工单位在施工过程中发现影响施工安全的异常情况时，应立即停止施工，并立即向建设、监理等单位报告；发现设计文件错误或与实际不符时，应立即向建设、监理等单位报告。

2）坑孔作业

（1）在基坑、人孔、手孔、桥梁锯齿孔及伸缩缝等处作业时，应采取防坠落措施。

（2）基坑、管道沟、电缆沟开挖或顶管施工前，应对地下设施进行调查并采取相应安全防护措施。

3）发电机

(1) 发电机运转时禁止移动。

(2) 在线路施工时，发电机应放置在钢轨外侧 2m 以外。

4）梯子

(1) 梯子应有足够的机械强度，同一梯子上不得有 2 人及以上同时作业。

(2) 工具不得放置在梯子顶部，作业时梯子内侧不得有人。

5）钻孔作业

(1) 轨道板、道床板、防护墙、隧道壁、通道顶部、楼板、墙体、站台雨棚、雨棚柱等混凝土构件上的钻孔作业前，应进行钢筋探测，作业应避开钢筋及既有暗埋管线。

(2) 钻孔作业人员应按照规定佩戴防护用具。

(3) 使用化学锚栓时，在植入化学锚栓未达到固化时间时，不得固定连接物。

6）光电缆线路

光电缆及电杆运输、光电缆轨道车敷设及架空光电缆敷设、光电缆沟开挖等作业应符合安全要求。

7）隧道及桥梁地段施工

(1) 隧道内施工时，隧道内作业人员应穿戴具有反光标识的安全防护服，工器具、设备、材料堆放处均应设置反光标识。

(2) 隧道内设备应安装牢固，并可靠接地。

(3) 严禁跨建筑物伸缩缝安装设备。

(4) 桥梁地段施工时，墩台上作业应采取防护措施。

(5) 上、下之间运送物料和工具时不得抛掷。

8）机房设备

(1) 施工中，电源设备与外电源、电源设备及负载之间的电源开关应处于断开状态，并设置警示标志。

(2) 电源设备为负载设备供电前、后，应确认电源设备工作正常。

(3) 对加电后的电源设备操作时，应采取绝缘防护措施。

(4) 电源设备柜门在非操作期间应处于关闭状态。

(5) 为电源设备临时供电时，应通过防雷箱连接外部电源。

9）网络安全

(1) 用于施工调试的计算机、存储设备等应采用专用设备，不得在专用设备中安装无关软件，专用设备不得接入互联网。

(2) 专用网络不得与互联网连接。

3.通信工程现场安全监督检查主要内容

通信工程现场安全监督主要检查通信杆塔、天(馈)线及漏泄同轴电缆等作业内容和事项。

4.通信工程安全控制措施

1)通信杆塔

(1)杆塔基础开挖前,应在周边设置防护隔离设施及安全警示标志;基坑开挖时应对基坑周边及坑壁进行检查,如有裂缝或坍塌迹象,应在采取有效措施后方可继续作业;山坡、陡坎等地段与雨季施工时,应采取相应防护、应急措施,雨后复工应对基坑周边及坑壁进行检查,及时清理基坑内淤泥;杆塔基坑开挖完成后应核对地质情况及地基承载力,经确认符合设计文件要求后方可继续施工;基坑浇筑前应完成防雷地线埋设工作,接地方式及接地电阻应符合设计文件要求。

(2)立杆(钢柱)作业前,应确定周边地形、环境是否符合作业安全要求;竖立钢柱、铁塔组立前,应核对预埋件安装条件;施工作业应统一指挥,作业人员应保持通信通畅、步调一致;人工方式竖立立杆稳固后,应按杆叉(扳杆)、牵引绳顺序撤出助力工具;高处作业区域应设置防坠落措施,健康状态不适宜登高作业的人员,严禁登高作业;不得在不良气候环境条件下上塔作业;吊装区域或铁塔上有人作业时塔下区域严禁站人,严禁上下垂直交叉作业;铁塔组立作业结束后,应检查安装设备是否牢固可靠,工具、剩余材料、设备应运至地面。

(3)屋顶杆塔施工前,应针对施工特点制定安全措施,并按规定办理施工手续;屋顶杆塔底座应建在房屋的承重梁上,并核实结构与承重是否符合安装要求,底座应就近与建筑物避雷网用避雷引下线连通;采用固定钢丝拉线时,应符合强度要求。

2)天(馈)线及漏泄同轴电缆

(1)天线安装前,应核定塔上平台的承载能力,所有人员、工具、材料的总重量应在平台的承载能力之内;天线及馈线吊装时,应采取有效措施防止天线与杆塔体或建筑物墙体摩擦或撞击;天线吊装至塔上后应及时固定,确认牢固后方可松开吊装绳。

(2)馈线安装时,馈线的金属外皮应及时可靠接地,接地方式和位置应符合设计文件要求;馈线与天线连接处应自然顺直,防水处理应良好;馈线和馈线卡应安装牢固可靠;馈线采用上走线方式引入设备房屋时,应在室外做滴水湾处理。

(3)漏泄同轴电缆敷设时,漏泄同轴电缆(LCX)支架、钢丝承力索、吊具、LCX及跳线等应安装牢固,每隔10~15m设置一个防火吊具,同时按设计文件要求及时可靠接地。

二、铁路信号工程

铁路信号又称铁道信号,是铁路上用的信号、联锁、闭塞等设备的总称;是保证行车安全,提高区间、车站的通过能力以及编组站的解编能力的自动控制和远程控制技术的总称;是铁路运输基本设备之一;是列车运行的"眼睛"和"大脑";是铁路运输安全的重要保障。

铁路信号包括铁路信号设备和铁路信号系统两个层次。铁路信号设备包括:信号继电器、逻辑运算模块、信号机、轨道电路、转辙机、电源屏、控显设备、电线电缆等。铁路信号系统包括:车站联锁、区间闭塞、列车运行控制、行车调度指挥控制、驼峰调车控制、微机监测、道口信号等系统。

铁路信号工程施工内容主要有地面固定信号机、转辙装置、轨道电路、电(光)缆线路、室内设备和联锁试验。

1. 铁路信号工程安全监督检查主要内容

铁路信号工程安全监督主要检查地面固定信号、道岔转辙装置及融雪装置、轨道占用检查装置、施工调试与开通等作业内容和事项。

2. 安全控制措施

1) 地面固定信号

(1) 土质松软、不稳定且有坍塌危险地点开挖高柱信号机基坑时,应采取加固和防沉降措施,机柱马道应顺着线路方向设置。

(2) 攀爬信号机机柱作业时,严禁机柱上、下同时作业;遇恶劣天气时,严禁在信号机上作业。

(3) 在电力牵引区段竖立、撤除信号机机柱以及吊装信号机机构时,应按规定办理停电手续。

(4) 营业线新设且尚未开始使用的标志牌应采取遮掩措施,需要撤除的标志牌应及时撤除。

2) 道岔转辙装置及融雪装置

(1) 在道岔区段作业时,作业人员不得踩踏道岔可动部分,不得在道岔可动部分处坐、卧、停留。

(2) 道岔转辙装置施工及调试应设专人统一指挥,严禁擅自转换道岔,作业中不得用手指探销孔。

(3) 道岔转辙装置电动调试前,应确认各牵引点手动转换正常;确认调试道岔及相关联的带动道岔、防护道岔符合转换条件。

(4) 道岔融雪装置元器件、线缆安装应固定牢固,电气控制柜调试应统一指挥,专人负责机柜钥匙,不得擅自送电。

3) 轨道占用检查装置

(1) 轨道电路送电后,使用的材料、工具、设备不得短接钢轨。

（2）不得使用金属器具在已开通使用的计轴传感器上滑行。

4）施工调试与开通

（1）系统调试前，应完成配电盘、电源屏、机架电源端子等处安全标识的设置。

（2）设备加电调试前，应确认设备状态良好，线缆连接、接地连接正确牢固；室内电源主开关应由专人负责，室内外联合调试时应以室内负责人指挥为主。

（3）联锁试验前，应制定安全措施；联锁试验应由专人统一指挥，试验不得出现漏项、超范围、误操作等现象；不得使用封连线进行联锁试验。

（4）联调联试前应编制针对性应急预案，建立联调联试抢修、巡视检查组织，并由专人负责落实抢修人员、机械材料、工具的准备工作；联调联试应按规定做好检测列车开行前的安全确认工作；测试期间需进入现场处理故障时，应按规定办理上道施工手续，并按规定做好安全防护，严禁任何人员违章上道；上道配合检测列车测试时，拆卸的线缆、设备应做好标识和安全防护措施。

三、铁路信息工程

铁路信息工程遵循铁路信息化建设的统一规划及总体部署，覆盖运输组织、货运营销、经营管理等应用领域，主要包括运输调度管理系统、客票系统、旅客服务信息系统、行包信息系统、货运管理信息系统、动车组管理信息系统、办公管理信息系统、公安管理信息系统、门禁系统、电源及设备房屋环境监控系统、综合布线系统等。

1. 铁路信息工程安全监督检查主要内容

铁路信息工程安全监督主要检查显示设备等作业内容和事项。

2. 安全控制措施

（1）显示设备安装于非承重砌体结构上时，应采取加固措施且应在混凝土砌体达到规定强度后安装；吊杆与建筑结构龙骨连接不得采用焊接方式，应采用保护拉线或其他防坠落措施；吊杆上的穿线孔应进行封堵，并做好防水处理，进线应加护套，线束不得与吊杆进线口直接接触；连接屏体的螺栓应进行防锈处理，地面的地脚螺栓不得外露。

（2）显示设备与安装件之间应采用双螺母。

（3）显示设备及安装件安装时，作业点下方及周围应设置临时围挡和警戒区，并派专人监护。

（4）站台显示屏与电力牵引供电设备高压带电部分的距离不得小于2m。

四、监督检查事项

铁路通信、信号、信息工程现场安全监督检查项点主要有检查环节、检查内容和方法、检查依据、常见问题或情形、定性、处理依据和处理措施，具体内容详见表2-1～表2-4。

通用要求

表 2-1

序号	检查环节	检查内容和方法	检查依据	常见问题或情形	定性	处理依据	处理措施
1	一般规定	检查危险源辨识和方案制定审批情况	D06 第3.1.1条	未对危险源进行辨识，对危险性较大或技术复杂的分部分项工程未制定专项施工方案并按规定审批	未编制专项施工方案	B01 第六十五条	责令改正，罚款等
		现场检查；对照图纸	D06 第3.1.2条	施工单位发现影响施工安全的异常情况未停止施工；发现设计文件错误或与实际不符时，未及时向建设、监理单位报告	—	—	责令改正
2	坑孔作业	现场观察；事故询问	D06 第3.1.4条、第3.1.5条	1.在基坑、人孔、手孔、桥梁锯齿孔及伸缩缝处作业时，未采取防坠落措施；2.在基坑、管道沟、电缆沟开挖或顶管施工前，未调查各类地下设施	安全措施不足	—	责令改正
3	发电机	现场检查	D06 第3.1.7条	在线路上施工，发电机未放置在轨外侧2m以外；电源线在钢轨上方横过；发电机运转时移动；发电机运行过程中添加燃料	—	—	责令改正
4	梯子	现场检查	D06 第3.1.8条	梯子强度不够；未设置防滑和防倾倒措施；同一梯子上2人及以上同时作业；工具放置在梯子顶部；脚手架操作层上架设梯子作业	安全措施不足	—	责令改正

续上表

序号	检查环节	检查内容和方法	检查依据	常见问题或情形	定性	处理依据	处理措施
5	钻孔作业	现场检查	D06 第3.2.1条	在轨道板、道床板、防护墙、隧道壁、通道顶部、楼板、墙体、站台雨棚柱上钻孔时未进行钢筋探测，未避开钢筋和既有暗埋管线；更换钻头前未切断电源	—	—	责令改正
6	光电缆线路	现场检查	D06 第3.3.1条	电杆从堆放点低层到高层进行搬运；撬移电杆时，下方有人	—	—	责令改正
		现场检查电缆沟开挖	D06 第3.3.6条	1.光电缆沟开挖未及时回填或没有设置警示标志；2.光电缆沟开挖弃土未抛出沟外0.6m以外；3.在雨天或积水处开挖光电缆沟	—	—	责令改正
		现场检查	D06 第3.3.5条、第3.3.11条	1.轨道车敷设光电缆时，车上作业台，作业盘人机盘侵入机车车辆限界；2.轨道车启动运行线上作业人员未撤离；3.光电缆敷设与杆路安装交叉施工；4.架空光电缆敷设与电力线垂直净距不符合设计要求	—	—	责令改正

续上表

序号	检查环节	检查内容和方法	检查依据	常见问题或情形	定性	处理依据	处理措施
7	隧道及桥梁地段施工	现场检查	D06 第3.5.1条～第3.5.3条、第3.5.6条、第3.5.7条	1.隧道内作业人员未穿戴具有反光标识的安全防护服；工器具、设备、材料堆放处未粘贴反光标识； 2.隧道内设备安装不牢固，未设接地； 3.跨建筑物伸缩缝安装设备； 4.桥梁墩台上作业未采取防护措施，在侧面钻孔作业空间不够时，未搭设临时作业平台，临时作业平台不牢固、结构失稳； 5.桥梁地段上、下之间运送物料和工具时采用抛掷	—	—	责令改正
8	机房设备	查开关处警示标志设置情况；检查加电后施工行为；检查加电机房和设备门窗、洞口封闭，电源设备门关闭情况	D06 第3.6.5条	施工前未保证电源与负载之间的所有开关处于断开状态，在开关处未设警示牌，在场地进出处未做好警示标志；加电后作业将人体伸入设备内部，脚或其他可导电物体伸入设备内部；施工完成后未将机房和设备门窗、洞口封闭，电源设备门在非维护期间未处于关闭状态	未在施工现场的危险部位设置明显的安全警示标志	B01 第六十二条	责令改正

续上表

序号	检查环节	检查内容和方法	检查依据	常见问题或情形	定性	处理依据	处理措施
9	网络安全	查看网络和设备软件安装	D06 第3.7.1条、第3.7.2条	1. 调试计算机及存储设备等专用设备中安装无关软件；2. 将专用设备、专用网络与互联网连接	—	—	责令改正

通信监督检查事项

表2-2

序号	检查环节	检查内容和方法	检查依据	常见问题或情形	定性	处理依据	处理措施
1	通信杆塔	查看杆塔基础施工	D06 第4.1.1条	1. 基坑开挖未在周边设置防护隔离设施及安全警示标志；2. 基坑开挖未达到设计深度后，未核对地质资料及地基承载力；3. 基础浇筑前未埋设好防雷地线，接地方式、接地电阻不符合设计要求	—	—	责令改正
		查看立杆、钢柱与基础的连接情况，塔上作业情况，防雷接地情况	D06 第4.1.2条、第4.1.4条、第4.1.7条	1. 立杆、钢柱竖立后螺栓未连接牢固，塔下区域有人逗留；2. 雷雨或六级以上大风天气时在雾天、塔上作业；3. 屋顶杆塔底座未与就近建筑物避雷网用避雷引下线连通	—	—	责令改正

续上表

序号	检查环节	检查内容和方法	检查依据	常见问题或情形	定性	处理依据	处理措施
2	天(馈)线及漏泄同轴电缆	查天(馈)线吊装防护措施,查施工方案,查看防雷接地情况	D06 第4.2.1条~第4.2.3条	1. 天线、馈线吊装时未采取防止与杆塔体或建筑物墙体摩擦或撞击的措施; 2. 馈线的金属外皮接地方式不符合设计要求; 3. LCX 敷设每隔 10~15m 未设置防火吊具	—	—	责令改正

信号监督检查事项

表2-3

序号	检查环节	检查内容和方法	检查依据	常见问题或情形	定性	处理依据	处理措施
1	地面固定信号	1. 查有无违章作业、交叉作业; 2. 查机构、色灯单元组合、机架吊装作业情况; 3. 机柱、机架安装情况; 4. 运营线上安装吊装设备	D06 第5.1.2条、第5.1.7条、第5.1.8条、第5.1.10条	1. 松软土层开挖高柱信号机基坑时未采取加固和防沉降措施;机柱马道未顺着垂直线路方向; 2. 攀爬信号机机柱作业不符合安全规定;机柱、机架、梯子等没有安设牢固稳固时安装机构、机架、机构,上下同时作业; 3. 在电力牵引区段,竖立、撤除信号机机柱以及吊装信号机手续; 4. 营业线新设且尚未开始使用的标志牌未采取遮掩措施	安全措施不足	—	责令改正

续上表

序号	检查环节	检查内容和方法	检查依据	常见问题或情形	定性	处理依据	处理措施
2	道岔转撤装置和融雪装置	现场检查关键节点	D06 第5.2.2条、 第5.2.3条、 第5.2.5条	1. 道岔区段作业时，作业人员踩踏道岔可动部分，在可动部分坐、卧，停留； 2. 转换道岔试验时，未设专人统一指挥，擅自转换道岔； 3. 道岔融雪道岔安装加热条时，擅自摇动道岔；道岔融雪电气控制柜调试时，未统一指挥，擅自送电	—	—	责令改正
3	轨道占用检查装置	现场观察	D06 第5.3.2条、 第5.3.5条	1. 轨道电路送电后，使用的材料、工具、设备搭在两条钢轨上； 2. 采用金属器具在已开通使用的计轴传感器上滑行	—	—	责令改正

续上表

序号	检查环节	检查内容和方法	检查依据	常见问题或情形	定性	处理依据	处理措施
4	施工调试与开通	查设备安全标识粘贴情况，检查联调联试方案、应急预案等	D06 第5.7.1条、第5.7.4条~第5.7.6条	1. 系统调试前未在配电盘、电源屏、机架电源端子等处设置安全标识； 2. 设备加电调试过程中出现异常时，未断电查找原因；室内外联合调试时，以室外负责人指挥为主，通断电未相互告知； 3. 联锁试验前未制订安全措施；使用封闭连线进行联锁试验； 4. 联调联试测试期间进入道施工手续、故障时，未按规定办理上道施工手续，无应急未编制有针对性的应急预案，无应急抢修物资设备	—	—	责令改正

表2-4

信息监督检查事项

序号	检查环节	检查内容和方法	检查依据	常见问题或情形	定性	处理依据	处理措施
1	显示设备	现场观察、量测	D06 第6.1.5条~第6.1.7条、第6.1.9条	1. 显示设备安装件结构强度未按规定进行检算，吊杆与建筑结构龙骨连接未用焊接，且未采用防坠落措施； 2. 显示设备与安装件之间未采用双螺母； 3. 显示设备安装时，作业点下方及周围未设置临时围挡和警戒区； 4. 站台显示屏与电力牵引供电设备高压带电部分的距离小于2m	—	—	责令改正

第三章
铁路电力工程质量监督检查

本章介绍铁路电力工程质量监督检查的主要内容。铁路电力工程质量监督检查主要包括基本规定；基础、构支架及遮栏、栅栏；电气装置；电缆线路；35kV 及以下架空电力线路；低压配电；电气照明；电力远动系统；柴油发电机组；光伏发电系统；机电设备监控系统；防雷与接地。

一、主要检查内容

基本规定主要检查工程采用的材料、构配件和设备进场检验和各工序验收、电力与土建工程接口、隐蔽工程影像留存和验收等检查事项。

基础、构支架及遮栏、栅栏主要检查基础及构支架，遮栏及栅栏等检查事项。

电气装置主要检查电力变压器，互感器，高压断路器，隔离开关、负荷开关及高压熔断器，高压开关柜，集中无功补偿装置，户外高压开关箱，综合自动化装置，二次配线等检查事项。

电缆线路主要检查电缆敷设，电缆附件制作与安装和电缆井等检查事项。

35kV 及以下架空电力线路主要检查基坑开挖及基础浇筑，杆塔组立、横担组装及绝缘子安装，拉线安装，导线及地线架设和线路设备安装等检查事项。

低压配电主要检查配管配线，配电箱安装，UPS 不间断电源装置及 EPS 应急电源装置，防爆电气设备安装，滑触线，封闭式母线，起重机电气装置和动车组地面电源等检查事项。

电气照明主要检查室外照明和桥隧及特殊场所照明等检查事项。

电力远动系统主要检查电力远动系统设备进场检验，设备安装和远动系统检验等检查事项。

柴油发电机组主要检查柴油发电机组安装等检查事项。

光伏发电系统主要检查光伏发电系统安装等检查事项。

机电设备监控系统主要检查集中监控站设备安装，现场监控设备安装，系统布线，机电设备监控系统检验等检查事项。

防雷与接地主要检查防雷与接地进场材料检验,防雷装置,接地网,电气设备接地,防爆及火灾危险场所设备接地,等电位连接,与综合接地系统的连接等检查事项。

二、质量控制措施

1. 基本规定

1)进场检验和各工序验收

工程采用的材料、构配件和设备按标准规定进场检验和各工序验收。

2)电力与土建工程接口

接地端子、沟、槽、管、孔、设备房屋防雷及接地、通信通道、场坪、基础及地基承载力、电气设备安装通道、机电监控设备的接入条件等与相关专业之间的接口工程交接记录。

3)隐蔽工程影像留存

(1)施工隐蔽工程影像资料留存。

(2)隐蔽工程影像资料应包括验收时间、部位、内容、施工单位、检验人员等信息,影像资料应清晰。

4)验收

(1)检验批、分项工程、分部工程和单位工程施工质量验收内容和要求应符合验标规定。

(2)检验批、分项工程、分部工程和单位工程验收程序和组织符合验标规定。

2. 基础、构支架及遮栏、栅栏

1)材料进场检验

混凝土所使用的水泥、砂、石料、钢筋等原材料进场检验。

2)基础、构支架

基础钢筋连接方式、钢筋间距,基础混凝土强度等级,基础位置、尺寸和顶面高程,屏、柜等基础预埋型钢安装位置等。

3)遮栏及栅栏

遮栏及栅栏安装位置、方式和高度,横梁、爬梯、地线架及设备托架、支架接地位置安装情况等。

3. 电气装置

1)材料进场检验

互感器、高压断路器、开关及高压熔断器、高压开关柜、集中无功补偿装置、户外高压开关箱、屏柜、二次配线、高压母线装置、交直流电源、中性点接地装置、安全监控系统、箱式变电站、低压开关柜、远动终端等设备进场检验。

2）电力变压器

（1）电力变压器安装位置、方向应符合设计文件要求。

（2）电力变压器安装后油位指示、温度自动监测、保护报警装置等功能应符合设计文件要求。

（3）电力变压器应进行交接试验，其主要电气性能检验项目及要求应符合现行《电气装置安装工程　电气设备交接试验标准》（GB 50150）规定。

3）互感器

互感器安装位置及交接试验情况、电气性能检验项目。

4）高压断路器

高压断路器及其操作机构的安装位置和接地装置情况；六氟化硫断路器气体的压力值。

5）隔离开关、负荷开关及高压熔断器

隔离开关、负荷开关及高压熔断器安装位置及交接试验情况。

6）高压开关柜

（1）高压开关柜安装的允许偏差应符合验收标准的规定。

（2）户内全封闭六氟化硫气体绝缘开关柜气体压力应符合产品技术文件要求。

（3）高压开关柜应进行交接试验，其主要电气性能检验项目及要求应符合现行《电气装置安装工程　电气设备交接试验标准》（GB 50150）规定。

7）集中无功补偿装置

集中无功补偿装置安装质量及交接试验情况、电气性能检验项目。

8）户外高压开关箱

户外高压开关箱周围排水情况，防潮防污及封堵措施、交接试验情况、电气性能检验项目。

9）综合自动化装置

综合自动化装置安装质量及交接试验情况、电气性能检验项目。

10）二次配线

（1）引入盘、柜的二次回路接线、二次回路接地应符合验收规范要求。

（2）二次配线线缆的敷设路径、敷设方式、终端情况应符合设计文件要求。

4．电缆线路

1）进场检验

电缆的规格、型号、外观质量及绝缘试验进场检验情况，电缆进场后主绝缘耐压、20℃导体直流电阻和绝缘层平均厚度等试验情况。

2)电缆敷设

电缆敷设路径、方式及最小弯曲半径情况,电缆支撑件稳定性、耐腐蚀性、电缆挂架固定的风洞效应的检测报告,与公铁交叉部位、爆炸危险场所、露出地面等明敷电缆防护,电缆线路交接试验报告。

3)电缆附件制作与安装

高压电缆终端及接头的制作影像资料,电缆金属铠装层、铜屏蔽层接地线,接地线绝缘处理,护层保护器的设置情况。

4)电缆井

(1)电缆井的位置、结构、尺寸、高程、井内防潮、防污、周围排水功能、支架、爬架设置等应符合设计文件要求。

(2)电缆井盖板盖好后应完整平顺,密封良好。

5. 35kV及以下架空电力线路

1)材料进场检验

杆塔基础地脚螺栓的规格和型号进场检验。

2)基础开挖及基础浇筑

杆塔基础施工质量,底盘、卡盘规格、型号,隐蔽前影像资料,电杆埋设深度,电杆防护措施。

3)杆塔组立、横担组装及绝缘子安装

电杆连接方式、焊完后整杆轴线最大弯曲度,铁塔组立后各相邻节点间主材弯曲度,钢式杆塔及金属配件的规格和外观、杆塔长大构件的弯曲度。

4)拉线安装

(1)拉线盘的埋设深度和方向应符合设计文件要求。

(2)拉线棒与拉线盘应垂直,连接处应采用双螺母。

5)导线及地线架设

现场导线架设情况,现场架空电缆线路的相序与换位,现场导线接头位置,导线的连接质量,引流线及导线与其相关设施间最小净距,10kV及以下线路的引流线之间、引流线与主干线之间的连接情况。

6)线路设备安装

架空电力线路设备应进行交接试验,其主要电气性能检验项目及要求应符合现行《电气装置安装工程　电气设备交接试验标准》(GB 50150)的规定。

6. 低压配电

1)配管配线

管路和附件的安装方式、路径,电线管路的弯曲半径和弯曲程度,导线的布置方式、路径,配线与其他各种管道间的距离,危险环境的配线防护。

2)配电箱安装

配电箱安装位置、方式,双电源切换装置的切换时间。

3)UPS 不间断电源装置及 EPS 应急电源

UPS 不间断电源装置及 EPS 应急电源装置指标,UPS 不间断电源装置及 EPS 应急电源装置输出端的系统接地方式。

4)防爆电气设备安装

防爆电气设备增安型和无火花型电机定、转子间单边气隙,防爆电气在额定工作状态下的外壳温度。

5)滑触线

(1)滑触线的布置应符合验收标准规定。

(2)滑触器线限位行程开关的安装应符合设计文件要求,指示灯显示准确。

6)封闭式母线

封闭、插接式母线安装;插接母线槽安装。

7)起重机电气装置

(1)起重机电气保护装置的电磁制动应迅速准确,行程限位开关动作后,应能使有关的电动机切断电源,并使起重机各机构停止移动。

(2)起重机的无负荷、静负荷、动负荷试运转应无异常。

8)动车组地面电源

动车组地面电源柜与墙、柜底面与地面的距离等。

7. 电气照明

1)进场检验

室外照明灯具外观、型号及接线盒防水密封垫、灯柱、灯塔、灯桥的地脚螺栓及金属构件等进场检验情况,隧道照明灯具固定的风洞效应测试报告。

2)室外照明

灯具、设备安装,钢结构灯塔、灯桥焊接及螺栓紧固力矩测试,灯塔、灯桥避雷针接地情况。

3)桥隧及特殊场所照明

桥梁、隧道照明灯具、电源箱、配线支架及附件布置安装情况等。

8. 电力远动系统

1)电力远动系统设备进场检验

电力远动系统设备的规格、型号、技术参数及质量证明文件等进场检验。

2）设备安装

电力调度工作台、复式终端设备的安装位置、方式、排列顺序；设备接地及防静电措施、数据传输电缆屏蔽情况。

3）设备安装

远动系统基本功能和主要性能参数检测，远动终端供电设备整组试验报告等。

9. 柴油发电机组

1）柴油发电机组设备进场检验

柴油发电机组设备的规格、型号、技术参数及质量证明文件等进场检验。

2）柴油发电机组安装

柴油发电机组安装位置、减振措施、机组的箱体及发电机的外壳接地情况，机组噪声测试，机组排气烟度、有害物质浓度测试等。

10. 光伏发电系统

1）进场检验

光伏发电系统设备的规格、型号、技术参数及质量证明文件等进场检验。

2）光伏发电系统安装

（1）光伏发电系统的抗风加固措施应符合设计文件要求。

（2）光伏发电系统监控功能应符合设计文件要求。

11. 机电设备监控系统

1）集中监控站设备安装

集中监控站的安装情况，设备机柜、控制器和计算机设备接地，设备的防静电措施。

2）现场监控设备安装

（1）现场监控设备的各类传感器、变送器、电动阀门、执行器、现场控制器的安装位置、数量和方式应符合设计文件要求并符合验收标准规定。

（2）现场监控设备的接地方式应符合设计文件要求。

3）系统布线

当采用屏蔽布线时，系统中屏蔽层连续情况。

4）机电设备监控系统检验

（1）机电设备监控系统的监控对象、基本功能应符合设计文件要求。

（2）系统可靠性应符合设计文件要求。

12. 防雷与接地

1）进场检验

避雷针（线、带、网）、避雷器、电涌保护器材料进场检验。

2）防雷装置

独立避雷针的接地装置与接地网、道路或建筑物出入口的距离，架空电缆线路避雷线的接地、接地电阻值，避雷器的安装位置、安全净距，放电计数器安装位置，电涌保护器的接地线短接，避雷器交接试验报告。

3）接地网

接地网的埋设及影像资料，钢接地体（线）影像资料，接地装置的接地电阻值测试报告，接地网交接试验报告。

4）电气设备接地

低压电气设备地面上外露的接地线截面。

5）防爆及火灾危险场所设备接地

爆炸危险环境内与接地干线相连接地线及保护管，爆炸危险环境内接地或接中性线用的紧固件、接地端子。

6）等电位连接

等电位连接范围、方式、导线的规格，等电位连接的线路最小允许截面。

7）与综合接地系统的连接

电力系统的设备与综合接地系统的连接情况，隐蔽前的影像资料等。

三、监督检查事项

铁路电力工程质量监督检查项点主要有检查环节、检查内容和方法、检查依据、常见问题或情形、定性、处理依据和处理措施，具体内容详见表3-1～表3-12。

基本规定

表 3-1

序号	检查环节	检查内容和方法	检查依据	常见问题情形	定性	处理依据	处理措施
1	进场检验和工序验收	查材料、构配件和设备进场检验资料、检验台账、合格证、厂家检验报告、检验批等资料；现场观察	D23 第3.1.3条	未按规定进行材料、构配件和设备的进场检验；未检无用的或使用不合格的材料、构配件和设备；上道工序未按规定进行检查验收，已进行下道工序	未对建筑材料、建筑构配件、设备进行检验	B02 第六十五条	责令改正，罚款等
2	电力与土建工程接口	1.核对设计文件；2.现场量测、观察	D23 第3.1.3条	接地端子、沟、槽、管、孔、设备房屋防雷及接地、通信通道、场坪、基础及地基承载力、电气安装通道、机电监控设备的接口与相关专业之间的接口未按规定进行交接验收，无交接检验记录	未按施工技术标准施工	—	责令改正
3	隐蔽工程影像资料留存	检查隐蔽工程影像资料	D23 第3.1.4条	未按规定留档保存影像资料；影像主题未突出、资料主题不明、影像资料缺失，不完整	未按工程设计图纸或施工技术标准施工	—	责令改正，罚款等
4	验收	检查进场检验资料、检验批、分项工程质量验收表、分部工程质量验收表、单位工程质量验收表，核查主题功能抽查记录表、感观质量检查记录表等	D23 第3.3.1条、第3.3.4条，D23 第3.4.1条~第3.4.4条	1.进场检验、检验批、分项工程、分部工程、单位工程验收不符合标准规定；2.验收支撑材料不齐全或未签字，但检验结论为合格；3.验收程序和组织不符合验标要求	未按工程设计图纸或施工技术标准施工	—	责令改正

注：各责任单位未按照法律、法规和工程建设强制性标准履行建设、勘察、设计、施工和监理等质量职责或因此导致建设工程存在实体质量问题的，责令限期改正，处以罚款；情节严重或造成工程质量事故的，责令停业整顿，降低资质等级或吊销资质证书；造成损失的，依法承担赔偿责任。

基础、构架支架及遮栏、栅栏监督检查事项

表 3-2

序号	检查环节	检查内容和方法	检查依据	常见问题或情形	定性	处理依据	处理措施
1	进场检验	1. 订货合同； 2. 进场台账； 3. 合格证、质量检验报告、说明书、铁路认证证明文件（若有）； 5. 检查实物	D23 第 3.3.1 条	1. 进场检验批次不符合相关规定； 2. 规格、型号、数量、技术参数不符合设计文件要求； 3. 合格证、质量检验报告等质量证明文件不齐或质量证明文件不符合设计要求； 4. 属于铁路专用产品认证管理的产品无认证证明文件； 5. 部件及附件不齐，进场检验未提出； 6. 设备缺铭牌和标识	未按工程设计图纸或施工技术标准施工	—	责令改正，罚款等
			D23 第 4.2.2 条～ 第 4.2.4 条	1. 地脚螺栓、插入角钢材料表面有大量污物和锈蚀； 2. 构支架有裂纹、毛刺、砂眼和气泡； 3. 遮栏及栅栏有变形，无防腐层			

续上表

序号	检查环节	检查内容和方法	检查依据	常见问题或情形	定性	处理依据	处理措施
2	基础及构支架	1. 对照设计文件要求；2. 观察、量测	D23 第4.3.1条、第4.3.3条~第4.3.8条	1. 基础钢筋连接方式、钢筋间距不符合设计要求，搭接长度不足；2. 混凝土强度等级不符合要求；3. 基础位置、尺寸和顶面高程不符合设计要求；4. 箱式变电站及箱式电抗器基础形式及基础通风口高程不符合设计要求，未采取防积水措施；5. 屏、柜等基础预埋型钢安装位置超过允许偏差范围；6. 进线及终端构架在架线后的倾斜度大于1‰，并向受力侧倾斜；7. 横梁、爬梯、地线架及设备托架、支架接地位置不符合设计要求，安装不牢固	未按工程设计图纸或施工技术标准施工	B02 第六十四条	责令改正，罚款等
3	遮栏及栅栏	1. 对照设计文件要求；2. 观察、量测	D23 第4.4.1条~第4.4.3条	1. 安装位置、方式、高度不符合要求；2. 不垂直、不牢固；遮栏门开启不带电侧，未加锁；3. 遮栏、构架、支架及金属结构件的接地线未连接	未按工程设计图纸施工	—	责令改正

表 3-3

电气装置监督检查事项

序号	检查环节	检查内容和方法	检查依据	常见问题或情形	定性	处理依据	处理措施
1	进场检验	进场设备的规格、型号及原厂各种质量证明材料；设备的外观；抽查电气试验资料（试验记录、报告）（注：互感器、高压熔断路器、高压开关及高压断路器、高压开关柜、集中无功补偿装置、户外高压开关装置、屏柜、二次配线（第5.2.9条和第5.2.10条）、高压母线装置、交直流电源、中性点接地装置、安全监控系统、箱式变电站、低压开关柜、远动终端设备，依次为第5.2.2条～第5.2.17条，与第5.2.1条电力变压器检查内容与问题相同）	D23 第5.2.1条、第5.2.9条、第5.2.10条	1.规格、型号不符合设计要求；缺少质量证明材料； 2.二次配线线缆外表有绞拧、铠装压扁、保护层断裂和表面严重划伤等缺陷；无绝缘测试报告； 3.未进行20℃导体直流电阻试验	使用不合格的建筑材料、建筑构配件和设备	B02 第六十四条	责令改正，罚款等

续上表

序号	检查环节	检查内容和方法	检查依据	常见问题或情形	定性	处理依据	处理措施
2	电力变压器	1. 观察、测量； 2. 检查旁站记录； 3. 交接试验记录	D23 第5.3.1条、 第5.3.4条、 第5.3.5条	1. 安装位置、方向不符合设计要求，安装净距不符合验标； 2. 器体密封良好，本体、附件、阀门及所有法兰连接处有渗油现象； 3. 未进行交接试验，电气性能检验项目不全，检验检测机构不具备相应资质条件； 4. 交接试验监理未进行旁站，或无旁站记录	未按工程设计图纸或施工技术标准施工	B02 第六十四条	责令改正，罚款等
3	互感器	1. 观察、测量； 2. 检查旁站记录； 3. 交接试验记录	D23 第5.4.1条～ 第5.4.3条	1. 安装位置不符合设计要求，安装净距不符合验标； 2. 互感器安装不牢固，变比和极性方向不符合设计要求，电流互感器备用二次绕组未经短路后接地，分级绝缘的电压互感器一次绕组的接地引出端子未接地； 3. 未进行交接试验，电气性能检验项目不全，检验检测机构不具备相应资质条件，交接试验监理未进行旁站或无旁站记录	未按工程设计图纸或施工技术标准施工	B02 第六十四条	责令改正，罚款等

第三章 ◇ 铁路电力工程质量监督检查

续上表

序号	检查环节	检查内容和方法	检查依据	常见问题或情形	定性	处理依据	处理措施
4	高压断路器	观察、测量	D23 第5.5.1条	高压断路器及其操作机构的安装部位不牢固；安装接地装置不符合设计要求，安全净距不符合验收标准规定	未按工程设计施工		责令改正
		1. SF6检查数据； 2. 检查旁站记录； 3. 交接试验记录	D23 第5.5.2条~第5.5.5条	1. 六氟化硫断路器气体的压力不符合产品技术文件要求，有泄漏现象； 2. 断路器传动部位有卡阻现象； 3. 未进行交接试验，电气性能检验项目不全；检验检测机构不具备相应资质条件； 4. 交接试验监理未进行旁站；或无旁站记录	使用不合格的建筑构配件	B02 第六十四条	责令改正
5	隔离开关、负荷开关及高压熔断器	1. 测量检查； 2. 检查旁站记录； 3. 交接试验记录	D23 第5.6.1条、第5.6.2条、第5.6.5条	1. 隔离开关、负荷开关及高压熔断器的安装位置不符合设计要求，安全净距不符合验收标准相关规定； 2. 安装不牢固，传动装置不灵活，触头接触不紧密； 3. 未进行交接试验，电气性能检验项目不全，检验检测机构不具备资质条件	未按工程设计图纸或施工技术标准施工	B02 第六十四条	责令改正，罚款等

41

续上表

序号	检查环节	检查内容和方法	检查依据	常见问题或情形	定性	处理依据	处理措施
6	高压开关柜	1. 测量检查； 2. 检查旁站记录； 3. 交接试验记录	D23 第5.7.1条~ 第5.7.3条 第5.7.5条	1. 高压开关柜安装超出允许偏差； 2. 户内全封闭六氟化硫绝缘开关柜体表面有损伤； 3. 气体压力不符合产品技术文件要求； 4. 未进行交接试验	未按工程设计图纸施工	B02 第六十四条	责令改正，罚款等
7	集中无功补偿装置	1. 测量检查； 2. 检查旁站记录； 3. 交接试验记录	D23 第5.8.1条、 第5.8.2条、 第5.8.4条	1. 安装位置不符合设计要求，安全净距不符合验标相关规定； 2. 防潮防污封堵功能不符合设计要求； 3. 未进行交接试验，电气性能检验项目不全，检验检测机构不具备相应资质条件	未按工程设计图纸或施工技术标准施工	B02 第六十四条	责令改正，罚款等
8	户外高压开关箱	1. 测量检查； 2. 检查旁站记录； 3. 交接试验记录	D23 第5.9.4条、 第5.9.5条	1. 户外高压开关箱的周围排水不通畅，防潮防污封堵措施不符合设计要求； 2. 户外高压开关箱未进行交接试验	未按工程设计图纸施工	B02 第六十四条	责令改正，罚款等
9	综合自动化装置	1. 测量检查； 2. 检查旁站记录； 3. 交接试验记录	D23 第5.10.1条、 第5.10.4条	1. 屏、柜垂直度、水平偏差超过允许偏差范围； 2. 综合自动化装置未进行交接试验	未按工程设计图纸或施工技术标准施工	B02 第六十四条	责令改正，罚款等

续上表

序号	检查环节	检查内容和方法	检查依据	常见问题或情形	定性	处理依据	处理措施
10	二次配线	1. 测量检查； 2. 查旁站记录； 3. 交接试验记录； 4. 二次电缆回路清册记录	D23 第5.11.1条~ 第5.11.4条	1. 二次回路接线，二次回路接地不符合相关规定； 2. 线缆的敷设路径、敷设方式、终端位置不符合设计要求； 3. 屏、柜及设备二次配线的电气间隙和爬电距离不符合设计要求； 4. 交接试验不符合相关规定	未按工程设计图纸或施工技术标准施工	B02 第六十四条	责令改正、罚款等

表 3-4 电缆线路监督检查事项

序号	检查环节	检查内容和方法	检查依据	常见问题或情形	定性	处理依据	处理措施
1	进场检验	1. 检查实物； 2. 订货合同； 3. 进货台账； 4. 合格证、质量检验报告、说明书； 5. 绝缘测试报告	D23 第6.2.1条~ 第6.2.3条	1. 电缆的规格、型号、外观质量不符合设计要求，如：电缆外表有绞扭，铠装层扁，护层断裂和表面严重划伤缺陷； 2. 无20℃导体直流电阻试验报告，无主绝缘耐压试验报告，无绝缘层平均厚度试验报告，试验人员签字，无卤低烟类电缆未进行绝缘燃烧腐蚀性反透光试验，阻燃类电缆未进行成束燃烧试验，耐火类电缆未进行火焰条件下完整性试验； 3. 施工单位未委托有资质的检测机构检验，检验频次不足	使用不合格的建筑材料或建筑构配件，不按照施工技术标准施工	B02 第六十四条	责令改正、罚款等

续上表

序号	检查环节	检查内容和方法	检查依据	常见问题或情形	定性	处理依据	处理措施
2	电缆敷设	1. 查设计文件；2. 查现场电缆敷设情况；3. 隐蔽前影像资料；4. 隧道内电缆敷设情况，电缆支撑、电缆挂架固定的风洞效应的检测报告；5. 与公铁交叉部位、爆炸危险场所、露出地面等明敷电缆防护；6. 电缆线路交接试验报告	D23 第6.3.1条、第6.3.2条、第6.3.5条、第6.3.7条、第6.3.9条、第6.3.13条	1. 敷设路径、方式不符合设计要求；2. 现场电缆敷设最小弯曲半径不符合要求；3. 埋设深度不足，未按设计要求进行防护，电缆隐蔽前未留影像资料或影像资料少于工点总量的20%；4. 隧道内电缆支撑件稳定性、耐腐蚀性差，电缆挂架的固定未进行风洞效应测试；5. 危险地段明敷电缆防护不符合设计有关标准的要求，防护段内电缆有中间接头；6. 电缆线路未进行交接试验	未按工程设计图纸或施工技术标准施工	B02 第六十四条	责令改正，罚款等
3	电缆附件制作与安装	1. 查设计文件；2. 查产品技术文件；3. 高压电缆终端及接头的制作影像资料；4. 电缆金属铝表层、铜屏蔽层接地线、接地线绝缘处理；5. 护层保护器的设置	D23 第6.4.1条、第6.4.4条	1. 高压电缆头的电缆护层剥切长度、绝缘包扎长度及线芯连接强度不符合产品技术文件要求，单芯电缆中间接头前后错开距离小于0.5m，影像资料少于工点总量的20%；2. 接地线未采用接地铜绞线或镀锡铜编织线，接地线未做绝缘处理，其截面积小于验标要求	未按工程设计图纸或施工技术标准施工	B02 第六十四条	责令改正，罚款等

续上表

序号	检查环节	检查内容和方法	检查依据	常见问题或情形	定性	处理依据	处理措施
4	电缆井	1. 查设计文件； 2. 查电缆井实物	D23 第6.5.1条	电缆井的位置、结构、尺寸、高程、井内防潮、防污、周围排水功能、支架、爬架设置等与设计文件不符；井盖密封不严	未按工程设计施工	B02 第六十四条	责令改正、罚款等

表3-5

35kV及以下架空电力线路监督检查事项

序号	检查环节	检查内容和方法	检查依据	常见问题或情形	定性	处理依据	处理措施
1	进场检验	1. 查实物； 2. 查订货合同； 3. 查进场台账； 4. 查合格证、质量检验报告、说明书； 5. 查绝缘测试报告	D23 第7.2.1条、 第7.2.2条、 第7.2.5条~ 第7.2.10条、 第7.2.12条、 第7.2.13条	1. 杆塔基础地脚螺栓的规格、型号与设计文件不符； 2. 铁塔构件、钢管杆、叉梁及配件已变形、不连续、漏镀、结瘤、积锈、毛刺等缺陷； 3. 瓷绝缘子表面有裂纹、瓷釉不光滑、缺釉、斑点、烧痕、气泡、瓷釉烧坏等缺陷； 4. 绝缘子未进行交流耐压试验； 5. 底盘、卡盘、拉盘表面有蜂窝、露筋、裂缝等缺陷； 6. 线材有松股、交叉、折叠、断裂及破损等缺陷；绝缘线表面不光平整、色泽不均匀、有爆皮、气泡等缺陷； 7. 金具镀锌效果差、锈蚀，其表面有裂纹、砂眼、气泡等缺陷；	使用不合格的建筑材料或建筑构配件	B02 第六十四条	责令改正、罚款等

续上表

序号	检查环节	检查内容和方法	检查依据	常见问题或情形	定性	处理依据	处理措施
1	进场检验	1. 查实物；2. 查订货合同；3. 查进场合账；4. 查合格证、质量检验报告、说明书；5. 查绝缘测试报告	D23 第7.2.1条、第7.2.2条、第7.2.5条~第7.2.10条、第7.2.12条、第7.2.13条	8. 变压器未进行绝缘测试，绝缘油未取样送检；9. 隔离开关、负荷开关及高压熔断器绝缘部件变形，表面不光滑，有裂纹和缺损；10. 高压计量箱计量回路的表计不在计量合格有效期内	使用不合格的建筑材料或建筑构配件	B02 第六十四条	责令改正、罚款等
2	基坑开挖及基础浇筑	1. 检查杆塔基础设计文件；2. 检查底盘、卡盘规格、型号、隐蔽前影像资料；3. 电杆埋设深度；4. 电杆防护	D23 第7.3.1条~第7.3.4条	1. 基础形式与设计不符；2. 底盘、卡盘规格、型号与设计不符，隐蔽前未存留影像资料或影像资料少于工点总量的20%；3. 电杆埋设深度不符合要求；4. 现场易被冲撞区域的电杆未进行有效防护	未按施工技术标准施工	—	责令改正
3	杆塔组立、横担组装及绝缘子安装	1. 检查设计文件；2. 电杆连接方式、焊完后整杆轴线最大弯曲度；3. 铁塔组立后各相邻节点间主材弯曲度；4. 钢式杆塔及金属配件的规格、外观、杆长大构的弯曲度	D23 第7.4.1条、第7.4.2条、第7.4.6条	1. 电杆连接方式与设计不符，焊后整杆轴线最大弯曲超过全长的2‰，未满焊，焊缝表面存在波折、间断、漏焊、裂缝；2. 铁塔组立后各相邻节点间主材弯曲度大于1/750；3. 钢式杆塔立后各相邻节点间主材及金属配件的规格、外观，杆塔长大构件的弯曲度大于1‰	未按施工技术标准施工	—	责令改正

续上表

序号	检查环节	检查内容和方法	检查依据	常见问题或情形	定性	处理依据	处理措施
4	拉线安装	1.查设计文件；2.查拉线的埋设深度、方向；3.查拉线棒与拉线盘位置关系及连接处	D23 第7.5.1条	1.拉线盘的埋设深度、方向与设计不符；2.拉线棒与拉线盘不垂直，其连接处未采用双螺母	未按施工技术标准施工	—	责令改正
5	导线及地线架设	1.查设计文件；2.查现场架空电缆线路的相序与换位；3.查现场导线接头位置；4.查导线的连接质量；5.查引流线及引线与其相关设施间最小净距；6.查10kV及以下线路的引流线之间、引流线与主干线之间的连接情况	D23 第7.6.1条、第7.6.2条、第7.6.5条、第7.6.7条、第7.6.8条、第7.6.10条	1.导线与地面、建筑物、各种树木、铁路、道路、管道、索道、各种架空线路及山坡、峭壁、岩石间距离，交叉接近时架设与设计文件不符；2.现场架空电缆线路的相序与设计文件不符；3.现场导线接头位置于跨越铁路、道路、电力、通信架空线路、通航河流以及特殊管道时有接头；4.导线的连接有断股、松股等缺陷；在同一档距内，同一根导线或地线上超过1个直线接续管及3个补修管；5.引流线及导线与其相关设施间最小净距不符合标准规定；6.10kV及以下线路的引流线之间的连接、引流线与主干线之间的连接，绑扎长度的最小值不符合验标的规定	未按工程设计图纸或施工技术标准施工	B02 第六十四条	责令改正，罚款等

续上表

序号	检查环节	检查内容和方法	检查依据	常见问题或情形	定性	处理依据	处理措施
6	线路设备安装	1. 检测机构资质； 2. 查架空电力线路设备交接试验报告	D23 第7.7.2条	检验检测机构资质不符合要求；架空电力线路设备交接试验报告检测内容缺项	未按工程设计图纸或施工技术标准施工	—	责令改正，罚款等

低压配电监督检查事项

表3-6

序号	检查环节	检查内容和方法	检查依据	常见问题或情形	定性	处理依据	处理措施
1	进场检验	1. 查实物； 2. 查订货合同； 3. 查进场台账； 4. 查合格证、质量检验报告、说明书； 5. 查绝缘测试报告	D23 第8.2.1条、 第8.2.2条、 第8.2.4条~ 第8.2.6条	1. 钢管有折扁、裂缝，管内有铁屑皮毛刺，切断口不平整光滑； 2. 配电箱计量回路的表针不在计量合格有效期内； 3. 防爆电气设备不具有国家检验单位发放的防爆合格证； 4. 滑触线和滑触器的绝缘子有裂纹和缺损； 5. 封闭式母线密封差，各段编号标志不清晰，母线螺栓搭接面不平整，镀层覆盖不完整，有起皮缺陷，插接母线上的护套面缺损，表面光滑，镀层不完整	使用不合格的建筑材料或建筑构配件	B02 第六十四条	责令改正，罚款等

续上表

序号	检查环节	检查内容和方法	检查依据	常见问题或情形	定性	处理依据	处理措施
2	配管配线	1. 查设计文件； 2. 查管路和附件的安装方式、路径； 3. 查电线管路的弯曲程度半径； 4. 查导线的布置方式、路径； 5. 查配线与其他各种管道间的距离； 6. 查室外绝缘导线至建筑物间距离； 7. 查危险环境的配线防护	D23 第8.3.1条、 第8.3.2条、 第8.3.4条、 第8.3.5条、 第8.3.8条、 第8.3.9条	1. 管路和附件的安装方式、路径与设计要求不符； 2. 电线管路的弯曲半径和弯曲程度不符合验标要求； 3. 导线的布置方式、路径与设计要求不符； 4. 配线与其他各种管道间的最小距离不符合验标要求； 5. 室内外绝缘导线至建筑物最小距离与设计要求不符； 6. 在爆炸、火灾危险环境的配线防护与设计要求不符	未按工程设计图纸或施工技术标准施工	B02 第六十四条	责令改正，罚款等
3	配电箱安装	1. 查设计文件； 2. 查配电箱安装位置、方式、路径； 3. 查双电源切换装置的切换时间	D23 第8.4.1条、 第8.4.2条	1. 配电箱安装位置、安装方式与设计要求不符； 2. 双电源切换装置的切换时间与设计要求不符	未按施工技术标准施工	—	责令改正

续上表

序号	检查环节	检查内容和方法	检查依据	常见问题或情形	定性	处理依据	处理措施
4	UPS不间断电源装置及EPS应急电源装置	1.查设计文件； 2.查UPS不间断电源装置及EPS应急电源装置指标； 3.查UPS不间断电源装置及EPS应急电源装置输出端的系统接地方式	D23 第8.5.2条、 第8.5.3条	1.UPS不间断电源装置及EPS应急电源装置指标、蓄电池容量及切换时间与产品技术文件和设计要求不符； 2.UPS不间断电源装置及EPS应急电源装置输出端的系统接地方式与设计要求不符	未按施工技术标准施工	—	责令改正
5	防爆电气设备安装	1.查增安型和无火化型电机定、转子间单边气隙； 2.查防爆电气在额定工作状态下的外壳温度	D23 第8.6.3条、 第8.6.5条	1.增安型和无火化型电机定、转子间单边气隙值不符合产品规定； 2.防爆电气在额定工作状态下的外壳温度超过产品规定值	未按施工技术标准施工	—	责令改正
6	滑触线	1.查滑触线的布置； 2.查滑触器限位行程开关的安装	D23 第8.7.1条、 第8.7.5条	1.滑触线的布置，相邻导电部分对接地电网的净距小于30mm，距通过部分小于6m，距离一般滑触线在汽车通地面高度小于3.5m，裸滑触线管道小于1m，距离设备和氧气管道小于1.5m，距离易燃气体、液体管道小于3m； 2.滑触器线限位行程开关的安装与设计要求不符	未按施工技术标准施工	—	责令改正

续上表

序号	检查环节	检查内容和方法	检查依据	常见问题或情形	定性	处理依据	处理措施
7	封闭式母线	1. 查设计文件； 2. 查封闭、捅接式母线安装； 3. 查捅接式母线槽安装	D23 第8.8.2条、 第8.8.3条	1. 封闭、捅接式母线安装不符合产品技术文件要求； 2. 捅接式母线槽安装位置不符合设计要求，与之配套的捅接开关箱或捅接头不箱不符合产品技术文件要求	未按施工技术标准施工	—	责令改正
8	起重机电气装置	1. 查电气保护装置的电磁制动； 2. 查起重机试运转情况	D23 第8.9.1条、 第8.9.2条	1. 电气保护装置的电磁制动不准确； 2. 起重机的无负荷、静负荷、动负荷试运转异常	—	—	责令改正
9	动车组地面电源	1. 查设计文件； 2. 查电源柜与墙、柜底面与地面的距离	D23 第8.10.1条	电源柜与墙、柜底面与地面的距离与设计要求不符	—	—	责令改正

电气照明监督检查事项

表3-7

序号	检查环节	检查内容和方法	检查依据	常见问题或情形	定性	处理依据	处理措施
1	进场检验	1. 查实物； 2. 查订货合同、进场台账； 3. 查合格证、说明书、质量检验报告； 4. 查隧道照明灯具固定的风洞效应测试报告	D23 第9.2.1条~ 第9.2.4条	1. 室外照明灯具、接线盒与设计文件不符； 2. 灯柱、灯塔、灯桥的地脚螺栓及金属构配件与设计不符； 3. 隧道照明灯具固定的风洞效应未进行测试	使用不合格的建筑构配件	B02 第六十四条	责令改正，罚款等

续上表

序号	检查环节	检查内容和方法	检查依据	常见问题或情形	定性	处理依据	处理措施
2	室外照明	1. 查设计文件； 2. 查灯具、设备安装情况； 3. 查钢结构灯塔、灯桥螺栓紧固力矩测试； 4. 查灯塔、灯桥避雷针接地情况	D23 第9.3.1条、 第9.3.3条、 第9.3.4条	1. 灯具、设备安装不符合设计文件要求； 2. 钢结构灯塔、灯桥螺栓紧固力矩未测试或与产品技术文件要求不符； 3. 灯塔、灯桥避雷针接地未测试	未按施工技术标准施工	—	责令改正
3	桥隧及特殊场所照明	1. 查设计文件； 2. 查桥梁、隧道照明灯具、电源箱、配线及附件布置安装情况	D23 第9.4.1条	桥梁、隧道照明灯具、电源箱、配线支架及附件布置安装与设计文件要求不符	未按施工技术标准施工	—	责令改正

表3-8 电力远动系统监督检查事项

序号	检查环节	检查内容和方法	检查依据	常见问题或情形	定性	处理依据	处理措施
1	电力远动系统设备进场检验	1. 查实物； 2. 查订货合同； 3. 查进场台账； 4. 查合格证、质量检验报告、说明书	D23 第10.2.1条	系统设备与设计文件不符，质量证明文件中设备性能指标缺项	使用不合格的建筑设备	B02 第六十四条	责令改正、罚款等

续上表

序号	检查环节	检查内容和方法	检查依据	常见问题或情形	定性	处理依据	处理措施
2	设备安装	1. 查设计文件；2. 查电力调度工作台复式终端设备的安装位置、方式、排列顺序；3. 查设备接地及防静电措施、数据传输电缆屏蔽情况	D23 第10.3.1条、第10.3.3条	1. 电力调度工作台复式终端设备的安装位置、方式、排列顺序与设计文件要求不符；2. 设备接地及防静电措施、数据传输电缆屏蔽措施与设计文件要求不符	未按工程设计图纸或施工技术标准施工	B02 第六十四条	责令改正
3	远动系统检验	1. 查设计文件；2. 查远动系统基本功能和主要性能参数检测；3. 查远动终端供电设备整组试验报告	D23 第10.4.1条、第10.4.4条	1. 远动系统基本功能和主要性能指标不满足设计、产品技术文件、相关产品标准的要求；2. 远动终端供电设备整组试验与设计文件要求不符	使用不合格的建筑设备	B02 第六十四条	责令改正

表3-9 柴油发电机组监督检查事项

序号	检查环节	检查内容和方法	检查依据	常见问题或情形	定性	处理依据	处理措施
1	进场检验	1. 查实物；2. 查订货合同、进场台账；3. 查合格证、质量检验报告、说明书；4. 查绝缘测试报告	D23 第11.2.1条	发电机组及附属文件性能与设计文件不符，质量证明文件性能指标缺项	使用不合格的建筑设备	B02 第六十四条	责令改正

续上表

序号	检查环节	检查内容和方法	检查依据	常见问题或情形	定性	处理依据	处理措施
2	柴油发电机组安装	1. 查安装位置、减振措施、外壳接地； 2. 机组噪声测试； 3. 机组排气烟度、有害物质浓度测试	D23 第11.3.1条、 第11.3.9条、 第11.3.10条	1. 发电机组安装无减振措施，发电机组基础与机房整体地面未分割，外壳接地标识不明确； 2. 机组噪声未测试或噪声声级平均值大于110dB(A)； 3. 机组排气烟度、有害物质浓度不符合产品技术条件	—	—	责令改正

光伏发电系统监督检查事项

表3-10

序号	检查环节	检查内容和方法	检查依据	常见问题或情形	定性	处理依据	处理措施
1	进场检验	1. 查实物； 2. 查订货合同； 3. 查进场台账； 4. 查合格证、质量检验报告、说明书； 5. 查绝缘测试报告	D23 第12.2.1条	光伏发电系统设备与设计文件不符，质量证明文件性能指标缺项	使用不合格的建筑设备	B02 第六十四条	责令改正，罚款等
2	光伏发电系统安装	1. 查设计文件； 2. 查光伏发电系统的抗风加固措施； 3. 查光伏发电系统监控功能试验报告	D23 第12.3.6条、 第12.3.7条	1. 光伏发电系统的抗风加固措施不符合设计文件要求； 2. 光伏发电系统监控功能不符合设计文件要求	—	—	责令改正

机电设备监控系统监督检查事项

表3-11

序号	检查环节	检查内容和方法	检查依据	常见问题或情形	定性	处理依据	处理措施
1	进场检验	1. 查实物； 2. 查订货合同； 3. 查进场台账； 4. 查合格证、质量检验报告、说明书； 5. 查绝缘测试报告	D23 第13.2.1条～第13.2.3条	1. 集中监控站设备、现场监控设备系统布线的线缆、槽架、保护管等与设计文件不符，质量证明文件性能指标缺项； 2. 线缆外表有绞折，铠装压扁、护层断裂和表面严重划伤等缺陷； 3. 线缆绝缘试验指标缺项	使用不合格的建筑设备	B02 第六十四条	责令改正，罚款等
2	集中监控站设备安装	1. 查设计文件； 2. 查集中监控站的安装情况； 3. 查设备机柜、控制器和计算机设备接地情况； 4. 查设备的防静电措施	D23 第13.3.1条、第12.3.3条、第12.3.4条	1. 集中监控站设备的安装位置、方式，排列顺序与设计文件要求不符； 2. 设备机柜未接地，控制器和计算机设备接地方式与设计文件要求不符； 3. 设备的防静电措施与设计文件要求不符	未按工程设计施工	—	责令改正
3	现场监控设备安装	1. 查设计文件； 2. 查现场监控设备安装情况； 3. 查现场监控设备接地方式	D23 第13.4.1条、第13.4.2条	1. 现场监控设备的各类传感器、变送器，电动阀门，执行器，现场控制器的安装位置、数量和方式与设计文件要求不符； 2. 现场监控设备的接地方式与设计文件要求不符	未按工程设计施工	—	责令改正

续上表

序号	检查环节	检查内容和方法	检查依据	常见问题或情形	定性	处理依据	处理措施
4	系统布线	1. 查设计文件； 2. 查屏蔽布线	D23 第13.5.2条	当采用屏蔽布线时，系统中屏蔽层不连续	—	—	责令改正
5	机电设备监控系统检验	1. 查设计文件； 2. 查基本功能试验报告； 3. 查能源管理功能试验报告； 4. 查系统可靠性试验报告	D23 第13.6.1条~ 第13.6.3条	1. 监控对象、基本功能与设计文件要求不符； 2. 能源管理功能与设计文件要求不符； 3. 系统可靠性与设计文件要求不符，系统运行启动或停止时出现数据错误，切断电源时集中监控站主机冗余自动投入时，系统运行中断	未按工程设计图纸或施工技术标准施工	—	责令改正，罚款等

防雷与接地监督检查事项

表 3-12

序号	检查环节	检查内容和方法	检查依据	常见问题或情形	定性	处理依据	处理措施
1	防雷与接地进场检验	1. 查设计文件； 2. 查实物； 3. 查订货合同； 4. 查进场台账； 5. 查合格证、质量检验报告、说明书	D23 第14.2.1条、 第14.2.2条	1. 避雷针（线、带、网）、避雷器、电涌保护器与设计文件要求不符，其表面有裂纹、砂眼、气泡、破损等缺陷； 2. 接地体（线、带、网）与设计文件要求不符，其表面有裂纹、砂眼、气泡等缺陷	使用不合格的建筑设备	B02 第六十四条	责令改正，罚款等

续上表

序号	检查环节	检查内容和方法	检查依据	常见问题或情形	定性	处理依据	处理措施
2	防雷装置	1. 查设计文件； 2. 查独立避雷针的接地装置与接地网、道路或建筑物出入口的距离； 3. 查架空电缆线路避雷线的接地、接地电阻值； 4. 查避雷器的安装位置、安全净距； 5. 查放电计数器安装位置； 6. 查电涌保护器的接地线短接情况； 7. 查避雷器交接试验报告	D23 第14.3.2条、第14.3.5条	1. 独立避雷针的接地装置与接地网、道路或建筑物出入口的距离与设计要求不符； 2. 架空电力线路避雷线的接地、接地电阻值与设计文件要求不符	未按工程设计图纸或施工技术标准施工	B02 第六十四条	责令改正，罚款等
			D23 第14.3.7条、第14.3.9条、第14.3.11条、第14.3.12条	1. 避雷器的安装位置、安全净距与设计文件要求不符； 2. 放电计数器安装位置与设计文件要求不符； 3. 电涌保护器的接地线未设置短接； 4. 避雷器未进行交接试验或交接试验报告中测试性能指标参数缺项	未按工程设计图纸或施工技术标准施工	—	责令改正

续上表

序号	检查环节	检查内容和方法	检查依据	常见问题或情形	定性	处理依据	处理措施
3	接地网	1. 查设计文件； 2. 查接地网的埋设及影像资料； 3. 查钢接地体（线）影像资料； 4. 查接地装置的接地电阻值测试报告； 5. 查接地网交接试验报告	D23 第14.4.2条、第14.4.3条、第14.4.8条、第14.4.9条	1. 接地网的埋设与设计文件要求不符，未留存影像资料； 2. 钢接地体（线）隐蔽前未留存影像资料或影像资料少于工点总量的20%； 3. 接地装置的接地电阻值未按设计文件要求测试； 4. 接地网未进行交接试验或交接试验报告中测试性能指标参数缺项	未按工程设计图纸或施工技术标准施工	—	责令改正
4	电气设备接地	1. 查设计文件； 2. 查低压电气设备地面上外露的接地截面	D23 第14.5.1条	低压电气设备地面上外露的接地线的截面与设计文件要求不符	—	—	责令改正
5	防爆及火灾危险场所设备接地	1. 查设计文件； 2. 查爆炸危险环境内与接地干线相连接地线及保护管； 3. 查爆炸危险环境内接地或接中性线用的紧固件、接地端子	D23 第14.6.1条、第14.6.2条	1. 爆炸危险环境内接地干线未采用多股软铜绞线，其最小截面与设计文件要求不符，易受机械损伤的部位未装设保护管； 2. 爆炸危险环境内接地或接中性线或接地端子未涂电力复合脂	—	—	责令改正

续上表

序号	检查环节	检查内容和方法	检查依据	常见问题或情形	定性	处理依据	处理措施
6	等电位连接	1. 查设计文件； 2. 查等电位连接范围、方式、导线的规格； 3. 查等电位连接的线路最小允许截面	D23 第14.7.1条、第14.7.4条	1. 等电位连接范围、方式、导线的规格与设计文件要求不符； 2. 等电位连接的线路最小允许截面与设计文件要求不符	—	—	责令改正
7	与综合接地系统的连接	1. 查设计文件； 2. 查电力系统的设备与综合接地系统的连接情况、隐蔽前的影像资料	D23 第14.8.1条	1. 电力系统设备连接范围、连接方式与设计文件要求不符； 2. 引接线材质、规格与设计文件要求不符； 3. 电力系统设备与综合接地端子连接处，未设置标识； 4. 对引接线与贯通地线接地端子连接方式未存留隐蔽前的影像资料，或是影像资料少于工点总量的20%	—	—	责令改正

第四章
铁路电力牵引供电工程质量监督检查

本章介绍铁路电力牵引供电工程质量监督检查的主要内容。铁路电力牵引供电工程质量监督检查主要包括基本规定、牵引变电所、接触网和供电调度系统。

一、主要检查内容

基本规定方面主要检查工程采用的材料、构配件和设备进场检验和各工序验收、通信与土建工程接口、隐蔽工程影像留存和验收等事项。

牵引变电所方面主要检查基础混凝土、基础、构架及支架、避雷针安装、避雷器、接地装置、变压器、互感器、高压断路器、SF6全封闭组合电器、高压开关柜、隔离开关、负荷开关及高压熔断器、母线及绝缘子、高压电缆、光缆及低压电缆、电缆支架桥架及电缆附件、屏、柜及二次回路、交直流电源装置、综合自动化系统、安全监控系统和箱式分区所、箱式开闭所、小型变配电设备(箱式AT所)等事项。

接触网方面主要检查进场检验,基础及预埋、预留件,化学锚栓,支柱,隧道吊柱,硬横跨及吊柱,拉线,标志牌、号码牌,腕臂结构,补偿装置,承力索及接触线,中心锚节,定位装置,吊弦及弹性吊索,悬挂调整,电连接,隔离开关,避雷器,分段绝缘器,线岔,锚段关节式电分相,架空导线,接地及回流引线和27.5kV电缆等检查事项。

供电调度系统方面主要检查进场检验,远动设备安装和远动系统检验等检查事项。

二、质量控制措施

1. 基本规定
1) 进场检验和各工序验收
工程采用的材料、构配件和设备进场检验和各工序验收。
2) 通信与土建工程接口
接地端子、沟、槽、管、孔、设备房屋、场坪、防雷及接地等相关接口工程交接记录。

3）隐蔽工程影像留存

施工隐蔽工程影像资料留存。

4）验收

进场检验资料、检验批、分项工程质量验收表、分部工程质量验收表、单位工程质量验收表、核查和主要功能抽查记录表、感观质量检查记录表等。

2. 牵引变电所

1）变电所设备、材料及构配件进场检验

（1）按进场的批次进行检验。

（2）规格、型号、数量符合设计文件和订货合同的要求。

（3）合格证、质量检验报告等质量证明文件，以及产品技术文件齐全并符合设计文件和订货合同的要求。

2）基础

基础混凝土强度，基坑开挖尺寸、地基承载力，基础钢筋连接方式、搭接长度、箍筋及横向钢筋间距，基础位置、尺寸及其顶面高程，基础预埋螺栓及型钢安装位置。

3）构架及支架

架构及支架的安装位置，预应力混凝土电杆的连接方式，门形及H形构架、设备支架组立质量，人字形构架安装，钢结构母线构架和设备支架结构件的拼装与连接，母线横梁安装及固定方式，构架、支架及金属结构件的接地。

4）防雷及接地装置

避雷针的安装、避雷针的接地引下线与接地网的连接情况，避雷器电气性能检验项目及要求符合规定情况，接地极的规格及长度、接地体的埋设深度及敷设方式、接地线与接地极的连接方式、接地电阻值、集中接地箱规格型号。

5）变压器

变压器安装位置、方向情况，变压器整体密封性，器身本体及附件等渗油情况；变压器接地及电气性能检验情况。

6）互感器

互感器的安装位置、绕组个数、变比、极性和接地、电气性能检验情况。

7）高压断路器

高压断路器及其操动机构的安装位置、所有连接部位的连接及电气性能检验情况。

8）高压断路器

SF6全封闭组合电器在基础上的固定方式、排列组合顺序，SF6全封闭组合电器各功能单元元件主体在纵、横轴安装方向上与设定的安装中心线的偏差情况；SF6全封闭组合电器的抽真空处理及补充SF6气体的操作情况;传动试验和电气性能检验情况。

9)高压开关柜

高压开关柜柜体及二次回路接地线的安装位置、高压开关柜高压电缆连接、SF6气体压力、高压开关柜所安装的带电显示装置、电气性能检验。

10)隔离开关、负荷开关及高压熔断器

隔离开关、负荷开关及高压熔断器的安装位置和接地装置的安装,隔离开关、负荷开关分闸时触头打开的距离或角度、合闸时相间的不同期值;接地刀闸开口方向,高压熔断器的安装质量,隔离开关、负荷开关的机械闭锁或电气闭锁装置安装和电气性能检验情况。

11)母线及绝缘子

(1)软母线及硬母线的相间及对地安全净距应符合设计文件要求。

(2)母线在支持绝缘子上固定时,固定金具或其他支持金具不应形成闭合磁路。

(3)软母线与各类金具的规格互相匹配。

(4)母线相色标志正确,各类母线金属支架、托架和绝缘子底座接地可靠。

(5)穿墙套管直接固定在钢板上时,套管周围不应形成闭合磁路。

(6)母线及绝缘子的电气性能检验项目及要求应符合现行《电气装置安装工程电气设备交接试验标准》(GB 50150)的规定。

12)高压电缆

高压电缆在支架和桥架上敷设情况,如高压电缆与控制电缆同层敷设情况;单相交流电力电缆的保护管及固定金具构成闭合磁路情况;电缆出入电缆沟、槽、建筑物及保护管时,出入口封堵情况,电缆之间及与管道、道路、建筑物之间平行或交叉的最小距离情况;电缆的电气性能检验情况。

13)光缆及低压电缆

光缆及低压电缆的敷设径路、敷设方式、终端位置,电缆的电气性能检验。

14)电缆支架桥架及电缆附件

电缆支架、桥架的固定方式,高压电缆头的制作及固定方式、接地方式,以及与相关设备的带电距离。

15)屏、柜及二次回路

各类屏、柜、端子箱、集中接地箱等设备的安装,屏、柜单独或成列安装时,屏、柜安装垂直度、水平偏差以及盘、柜面的偏差和屏、柜间接缝的偏差值情况,计量的表计在计量合格有效期内的情况,屏、柜及二次回路的电气性能检验。

16)交直流电源装置

交直流电源装置的安装,蓄电池的安装、交直流电源装置配线、交流电源装置的两路电源自动投切功能情况,充电后蓄电池的外壳情况、蓄电池组对地的绝缘电阻值,交直流电源装置的电线、电缆的屏蔽护套接地情况。

17)综合自动化系统

综合自动化系统设备安装、系统功能检验及系统线路保护装置功能。

18)安全监控系统

安全监控系统的安装,如监测点摄像头、红外对射、门禁、烟感探头的布设情况、功能元件摄像头的变焦距离、分辨率等的灵敏度和设备连接缆线情况。

19)箱式分区所、箱式开闭所、箱式 AT 所

箱式分区所、箱式开闭所、箱式 AT 所在基础的安装、固定方式、排列顺序以及电气性能检验项目等。

3.接触网

1)接触网设备、线材及零部件进场检验

接触网工程施工质量验收项目,化学锚栓螺杆及锚固胶、环形等径混凝土柱、钢柱、吊柱、硬横跨、电力金具和接线、标志牌号码牌、接触网零部件、绝缘子、承力索和接触线、隔离负荷开关、避雷器、分段绝缘器、架空导线、接地极、高压电缆等材料进场检验。

2)基础及预埋、预留件

基础外形尺寸,地脚螺栓外露长度,硬横跨、拉线、独立架设附加线基础质量,隧道内预埋滑槽质量,桥梁上预留上网电缆孔位置及孔径大小,接地端子与贯通地线连接、预留位置、外露及接地电阻。

3)化学锚栓

检查化学锚栓布置、施工偏差,化学锚栓螺杆横向、纵向、顺线路方向的施工允许偏差,桥梁及隧道区段的化学锚栓锚固抗拔力。

4)支柱

环形等径预应力混凝土支柱、钢柱、施工安装质量。

5)隧道吊柱

隧道吊柱型号、规格及安装位置情况,隧道吊柱固定螺栓配戴双螺母情况,拧紧螺母后螺栓外露长度数值,螺栓紧固力矩数值,调整吊柱采用镀锌钢闭合型或 U 形垫片情况。

6)硬横跨及吊柱

硬横梁的安装质量,硬横跨吊柱受力后横、顺线路方向的垂直度。

7)拉线

(1)拉线安装应符合设计文件要求,在任何情况下严禁侵入铁路建筑限界。

(2)拉线与基础未采用拉线底板连接,拉线底板安装应水平。

(3)拉线型号应符合设计文件要求,不得有断股、松股和接头。

(4)拉线底座与支柱密贴,双耳楔形线夹的受力面安装正确,回头绑扎牢固,拉线在楔形线夹的回头长度为500mm,回头和本线的绑扎长度为100mm,其施工允许偏差应符合验标要求。

(5)UT楔形线夹在受力后,螺栓螺纹外露长度不应小于20mm,不得大于螺纹全长一半。

8)标志牌、号码牌

标志牌、号码牌安装位置。

9)腕臂结构

预配腕臂和腕臂安装情况。

10)补偿装置

检查补偿装置之承力索、补偿绳、坠砣,检查棘轮补偿装置。

11)承力索及接触线

检查承力索及接触线架设。

12)中心锚节

中心锚节安装情况,全补偿链型悬挂接触线中心锚结线两边锚结绳张力,接触线中心锚结线夹处接触线高度。

13)定位装置

(1)定位管及定位管吊线的安装质量应符合验收标准规定。

(2)定位线夹安装完成后,U形销钉的末端向上弯曲不小于60°,无U形销钉的定位线夹,安装符合设计文件要求。

(3)定位装置U形螺栓紧固力矩、定位器安装应符合设计文件要求,防风拉线固定环安装方向应位于下锚侧。

14)吊悬及弹性吊索

吊弦及弹性吊索预制质量及安装情况。

15)悬挂调整

悬挂定位点处相邻跨的接触线,顺线路方向的夹角变化值,接触空气绝缘间隙数值,接触网弹性链型悬挂1个跨距内两相邻吊处的接触线高度差,接触线拉出值的布置偏差,接触线悬挂点距轨面的高度偏差数值。

16)电连接

电连接压接后滑动荷载;电连接的安装质量,线夹规格、型号、安装形式等情况;电连接线夹处接触线高度与相邻吊弦处高度施工偏差值。

17）隔离开关、避雷器、分段绝缘器

隔离开关,负荷开关安装位置、型号及各部尺寸;隔离开关、负荷开关触头接触情况;避雷器安装质量以及工作接地、保护接地情况;分段绝缘器安装位置及两端接触线高度情况,分段绝缘器安装后承力索、接触线的张力及补偿装置距地面的高度。

18）线岔

岔区腕臂顺线路偏移量数值;无交叉线岔承力索及定位环高度施工偏差值,定位管安装坡度、定位器抬升量数值;无交叉线岔岔区处接触线拉出值。

19）锚段关节式电分相

锚段关节带电部分的空气绝缘间隙符合设计情况;锚段关节转换跨内两接触线等高处接触线高度误差情况;自动过分相地面磁感应器设置情况,地面磁感应器安装质量;锚段关节式电分相无电区、中性段的长度偏差值。

20）架空导线

架空导线肩架与支柱连接,架空导线弛度,架空导线接头、补强情况,架空导线对地面及相互间距离最小情况。

21）接触网及回流引线

接触网设备及其邻近物接地装置的接地电阻值,接地网接地与综合接地系统连接的质量,回流引线安装情况,接地极埋入地下深度及连接处。

22）27.5kV 电缆

27.5kV 电缆的型号、敷设径路、终端位置情况;电缆转弯处、电缆中间接头处,穿过建筑墙体处、过轨过道两旁等均埋设电缆标桩或永久性标识情况;当电缆直埋敷设时,电缆表面距地面距离;电缆的保护管及固定金具闭合磁路情况,电缆固定金具材质、间距;电缆附件的制作安装质量;电缆的电气件能试验情况等。

4. 供电调度系统

1）远动系统设备进场检验

（1）远动系统设备按进场的批次进行检验。

（2）远动系统设备规格、型号、数量符合设计文件和订货合同的要求。

（3）合格证、质量检验报告等质量证明文件,以及产品技术文件齐全并符合设计文件和订货合同的要求。

2）远动设备安装

（1）屏柜与底座连接牢固,底座着地不悬空;相邻屏柜安装紧密靠拢,同排屏柜的正面应在同一直线上;二次接线连接可靠,线缆排列整齐;屏柜、电缆回路编号标识清晰;插接件应接触紧密,无松动现象。

（2）设备接地及防静电措施、数据传输电缆屏蔽措施符合设计要求。

（3）屏柜等设备门、盖严密，开启灵活不变形。

3）远动系统检验

远动系统主要功能及主要性能指标测试达标。

三、监督检查事项

铁路电力牵引供电工程质量监督检查项点主要有检查环节、检查内容和方法、检查依据、常见问题或情形、定性、处理依据和处理措施，具体内容详见表4-1～表4-4。

基本规定

表 4-1

序号	检查环节	检查内容和方法	检查依据	常见问题或情形	定性	处理依据	处理措施
1	进场检验和工序验收	1. 查检验资料（材料、构配件和设备合格证、厂家检验报告、检验批等）； 2. 现场量测、观察	D24 第3.1.3条	1. 未按规定进行材料、构配件和设备的进场检验；未检先用；或使用不合格的材料、构配件和设备； 2. 上道工序未按规定进行检查验收，已进行下道工序	使用不合格的建筑设备，未对材料、构配件和设备进行检验	B02 第六十四条、第六十五条	责令改正、罚款等
2	通信与土建工程接口	1. 核对设计文件； 2. 现场量测、观察	D24 第3.1.3条	接地端子、沟、槽、管、孔、设备房屋、场坪、防雷及接地等相关接口有未核验交接	—	—	责令改正
3	隐蔽工程影像留存	查隐蔽工程影像资料	D24 第3.1.4条	1. 未按规定拍摄留存影像资料； 2. 影像资料主题不突出； 3. 影像资料缺失、不完整	—	—	责令改正
4	验收	查进场检验资料、检验批、分项工程质量验收表、分部工程质量验收表、单位工程质量验收表、核查记录主要功能抽查记录表、感观质量检查记录表等	D24 第3.3.1条～第3.3.4条、第3.4.1条～第3.4.4条	1. 进场检验、检验批、分项工程、分部工程、单位工程验收不符合验标规定； 2. 验收支撑材料不齐全，或未签字但检验结论为"合格"； 3. 验收程序和组织不符合验标要求	验收程序不规范	—	责令改正

牵引变电所

表 4-2

序号	检查环节	检查内容和方法	检查依据	常见问题或情形	定性	处理依据	处理措施
1	基础混凝土	1. 查基础混凝土强度； 2. 核对设计文件，检查试验报告	D24 第4.3.1条、 第4.3.4条	1. 基础混凝土强度试验不合格； 2. 未进行混凝土配合比试验	未按施工技术标准施工	B02 第六十四条	责令改正，罚款等
2	基础	1. 查基坑开挖尺寸、地基承载力； 2. 查基础钢筋连接方式、搭接长度、箍筋及横向钢筋间距； 3. 查基础顶面位置、尺寸及其顶面高程； 4. 查基础预埋螺栓及型钢安装位置； 5. 核对设计文件，测量、检测检查，查阅影像资料	D24 第4.3.2条、 第4.3.3条、 第4.3.6条、 第4.3.8条	1. 影像资料没有或缺失； 2. 基础钢筋连接方式、搭接长度、间距等不满足设计要求； 3. 基础预埋件及预留沟槽管道位置与设计文件不符； 4. 屏、柜等基础预埋型钢安装误差超限值	未按工程设计图纸施工	—	责令改正

第四章 ◇ 铁路电力牵引供电工程质量监督检查

续上表

序号	检查环节	检查内容和方法	检查依据	常见问题或情形	定性	处理依据	处理措施
3	构架及支架	1. 查架构及支架的安装位置；预应力混凝土电杆的连接方式；门形及H形构架、设备支架组立质量；人字形构架安装；钢结构构架母线构架和设备支架结构件的拼装与连接；母线横梁安装及固定方式；构架、支架及金属结构构件的接地； 2. 观察、测量检查	D24 第4.4.1条~第4.4.7条	1. 各类构架及支架的安装位置与设计文件要求不符； 2. 电杆采用钢圈电焊连接时有间断、漏焊、未焊满；焊接处未清理并进行防腐处理； 3. 门形及H形架安装后有倾斜，金属结构构件安装不牢固； 4. 人字形构架组立后叉开角度不符合设计文件要求； 5. 钢结构构架母线构架和设备支柱结构件拼装与连接紧固力矩值不符合设计要求； 6. 母线横梁的弯曲度大于全长的5‰，配件与杆顶钢板的连接不牢固； 7. 构架、支架及金属结构构件未安装接地线	未按工程设计图纸或施工技术标准施工	B02 第六十四条	责令改正

69

续上表

序号	检查环节	检查内容和方法	检查依据	常见问题或情形	定性	处理依据	处理措施
4	避雷针安装	1. 查避雷针的安装、接地情况； 2. 观察，测量检查	D24 第4.5.1条、 第4.5.2条、 第4.5.4条、 第4.5.5条、 第4.5.7条	1. 避雷针与引下线之间焊接不牢固； 2. 避雷针为垂直安装，倾斜度大于3‰； 3. 未安装接地引下线，或接地引下线未与接地网可靠连接； 4. 独立避雷针的接地装置与变电所主接地网的地中距离小于3m； 5. 装有避雷针的构支架未采用带金属护层的电缆或导线未采用穿入金属管进行保护，电缆的金属护层或金属管未接地	未按施工技术标准施工	—	责令改正
5	避雷器	1. 避雷器的安装、电气性能检查； 2. 观察，试验检查，查试验检验报告	D24 第4.5.8条、 第4.5.11条、 第4.5.21条	1. 避雷器安装不垂直，动作记录器安装高度不合适，不方便观察； 2. 避雷器电气性能检验不合格； 3. 三相并列安装的避雷器，其中心线不在同一垂直平面	未按施工技术标准施工	—	责令改正

续上表

序号	检查环节	检查内容和方法	检查依据	常见问题或情形	定性	处理依据	处理措施
6	接地装置	1. 查接地极的规格及长度、接地体的埋设深度及敷设方式，接地线与接地极的连接方式，接地电阻值，集中接地极规格型号；2. 核对设计文件，观察、测量、测试检查，查阅影响资料	D24 第4.5.12条、第4.5.14条、第4.5.20条、第4.5.22条	1. 接地极的规格及长度与设计文件不符；2. 接地装置接地电阻不符合设计要求；3. 接地线与接地极焊接不牢固，有假焊或虚焊现象；4. 接地引线设备端连接处不同材质未采取过渡连接措施	未按工程设计图纸或施工技术标准施工	B02 第六十四条	责令改正、罚款等
7	变压器	1. 变压器安装、接地、电气性能检验；2. 观察、测量检测、试验、观察操作检测、测量检查	D24 第4.6.1条、第4.6.3条、第4.6.4条、第4.6.17条、第4.6.12条	1. 变压器安装位置、方向与设计文件不符；2. 变压器油漏油、锈蚀现象；3. 变压器风扇电动机及叶片安装不牢固；4. 变压器高压套管松动、结构密封不严；5. 电气性能检验不合格	未按施工技术标准施工	—	责令改正
8	互感器	1. 互感器安装、绕组个数、变比、极性、接地、电气性能检验；2. 观察、测量检查	D24 第4.7.1条、第4.7.2条、第4.7.5条、第4.7.6条	1. 互感器安装位置、绕组和极性与设计文件不符；2. 互感器未按要求可靠接地；3. 电气性能检验不合格	未按工程设计施工	—	责令改正

续上表

序号	检查环节	检查内容和方法	检查依据	常见问题或情形	定性	处理依据	处理措施
9	高压断路器	1. 高压断路器及其操动机构安装、电气性能检验； 2. 观察检查，试验检查	D24 第4.8.1条、 第4.8.3条、 第4.8.7条	1. 高压断路器安全净距不满足要求； 2. 高压断路器及其传动装置的连接部位连接不牢靠，松动； 3. 电气性能检验不合格	未按施工技术标准施工	—	责令改正
10	SF6全封闭组合电器	1. SF6全封闭组合电器在基础上的固定方式、排列组合顺序，传动试验、电气性能检验； 2. 观察、测量、观察检查，试验检查	D24 第4.9.1条、 第4.9.3条、 第4.9.9条、 第4.9.11条、 第4.9.12条	1. SF6全封闭组合电器的固定方式及排列组合与设计文件不符； 2. SF6全封闭组合电器各功能单元元件主体在纵、横轴安装方向与设定的安装中心线超过允许偏差； 3. SF6全封闭组合电器的抽真空处理及补充SF6气体不符合规定； 4. SF6全封闭组合电器传动试验检查不合格； 5. 电气性能检验不合格	未按工程设计图纸或施工技术标准施工	B02 第六十四条	责令改正，罚款等

续上表

序号	检查环节	检查内容和方法	检查依据	常见问题或情形	定性	处理依据	处理措施
11	高压开关柜	1. 柜体及二次回路接地线的安装位置、高压开关柜高压电缆连接、SF6气体压力、高压开关柜内设备安装、带电显示装置、电气性能检验； 2. 核对设计文件，观察检查，测量检测	D24 第4.10.2条、 第4.10.4条、 第4.10.8条	1. 高压开关柜安装超出允许偏差值； 2. 高压开关柜SF6气体压力不符合要求； 3. 电气性能检验不合格	未按工程设计图纸或施工技术标准施工	B02 第六十四条	责令改正，罚款等
12	隔离开关、负荷开关及高压熔断器	1. 安装位置和接地装置的安装，传动装置安装，开口方向，电气性能检验； 2. 核对设计文件，观察、测量，试验检查	D24 第4.11.1条、 第4.11.3条~ 第4.11.5条、 第4.11.7条、 第4.11.9条	1. 隔离开关、负荷开关及高压熔断器的安装位置和接地装置不符合设计要求； 2. 隔离开关、负荷开关分闸时触头打开的距离不符合设计文件要求，合闸时同期值不符合要求；开关位置指示器与开关的实际位置不相符； 3. 带接地刀闸的隔离开关，接地刀闸开口方向不符合设计文件要求； 4. 高压熔断器的熔丝有弯曲、压扁、损伤； 5. 隔离开关的机械闭锁或电气闭锁无法实现； 6. 电气性能检验不合格	未按工程设计图纸或施工技术标准施工	B02 第六十四条	责令改正，罚款等

续上表

序号	检查环节	检查内容和方法	检查依据	常见问题或情形	定性	处理依据	处理措施
13	母线及绝缘子	1. 母线及绝缘子的安装，电气性能检验； 2. 观察，测量检查，用力矩扳手检查	D24 第4.12.1条～第4.12.4条、第4.12.6条～第4.12.8条	1. 软母线及硬母线的相间及对地安全净距不符合设计要求； 2. 母线在支持绝缘子上固定时，固定金具或其他支持金具形成闭合磁路； 3. 软母线与各类金具的规格不匹配； 4. 硬母线在支持绝缘子上安装不平直，同定不牢固；矩形母线加工后的弯曲半径不符合规定要求； 5. 母线相色标志不清，各类母线支架、托架及绝缘子底座未可靠接地； 6. 穿端套管直接固定在钢板上时，套管周围形成闭合磁路； 7. 电气性能检验不合格	未按工程设计图纸或施工技术标准施工	B02 第六十四条	责令改正，罚款等
14	高压电缆	1. 电缆的敷设方式，敷设径路，终端位置，电缆的电气性能检验； 2. 观察，测量检查	D24 第4.13.3条～第4.13.7条	1. 在电缆沟、支架和桥架上敷设时，高压电缆与控制电缆同层敷设； 2. 单相交流电力电缆的保护及固定金具未按要求进行封堵； 3. 电缆出入电缆沟、槽、建筑物及保护管未按要求进行封堵； 4. 电缆之间及与管道、道路、建筑物平行或交叉时不符合最小允许距离要求； 5. 电缆的电气性能检验不合格	未按施工技术标准施工	—	责令改正

第四章 ◇铁路电力牵引供电工程质量监督检查

续上表

序号	检查环节	检查内容和方法	检查依据	常见问题或情形	定性	处理依据	处理措施
15	光缆及低压电缆	1. 光缆及低压电缆的敷设路径、敷设方式、终端位置、电缆头的电气性能检验； 2. 观察、测量检查，查阅影像资料	D24 第4.14.1条、第4.14.3条~第4.14.6条	1. 直埋电缆、光缆埋深不满足要求； 2. 在电缆支架、桥架上敷设未分层分排布置，未按规定固定绑扎； 3. 电缆、光缆保护管敷设未按要求进行封堵； 4. 直埋敷设电缆、光缆敷设位置及与管道、建筑物平行和交叉时的最小距离不符合规范要求； 5. 电缆出入容易接近处未装设保护管道及与管道接近处未装设保护管	未按施工技术标准施工	—	责令改正
16	电缆支架桥架及电缆附件	1. 电缆支架、桥架固定方式，高压电缆头的制作及固定方式，接地方式，以及与相关设备的带电距离； 2. 核对设计文件，观察、测量及测试检查，查阅影像资料	D24 第4.15.1条~第4.15.5条	1. 电缆支架、桥架间距，与沟顶、楼板或沟底、地面的最小净距不符合设计文件要求，电缆支架、桥架的安装位置、固定方式不符合设计方式； 2. 电缆桥架未按规定装配伸缩连接板及电缆伸缩缝；电缆桥架转弯半径小于电缆最小允许弯曲半径； 3. 金属电缆支架、桥架未可靠接地；电缆保护管封堵不严密； 4. 高压电缆头制作不符合规定，资料不全，数量与设计文件不符，影像资料不全； 5. 电缆终端头的固定方式及带电距离不符合设计文件要求	未按施工技术标准施工	—	责令改正

续上表

序号	检查环节	检查内容和方法	检查依据	常见问题或情形	定性	处理依据	处理措施
17	屏、柜二次回路	1. 屏、柜、端子箱、集中装、屏、柜、端子箱等设备的安装，电气性能检验； 2. 核对设计文件，观察、测量检查	D24 第4.16.1条、 第4.16.2条、 第4.16.4条、 第4.16.5条	1. 安装位置把错误；端子箱、集中接地箱未可靠接地；成列安装的屏、柜与接地干线连接少于2处； 2. 屏、柜安装垂直度，水平偏差以及盘、柜面的偏差和屏、柜间接缝超出允许值； 3. 计量的表计超出计量合格有效期； 4. 电气性能检验不合格	未按施工技术标准施工	—	责令改正
18	交直流电源装置	1. 查交直流电源装置的安装情况，查电源自动投切模块功能，远动开关及监控功能，充电功能； 2. 核对设计文件，操作试验及观察检查	D24 第4.17.1条~ 第4.17.3条、 第4.17.5条、 第4.17.8条	1. 交直流电源装置安装位置及规格、尺寸与设计文件不符； 2. 电源极性错误； 3. 电源线中间有接头，扭绞及交叉； 4. 电源自动投切功能不符合设计文件要求； 5. 蓄电池充电功能与设计文件不符	未按施工技术标准施工	—	责令改正
19	综合自动化系统	1. 综合自动化设备安装、系统功能检验； 2. 核对设计文件，观察、试验检查	D24 第4.18.2条	综合自动化系统功能检验不符合设计文件要求	—	—	责令改正

续上表

序号	检查环节	检查内容和方法	检查依据	常见问题或情形	定性	处理依据	处理措施
20	安全监控系统	1. 查安全监控系统的安装情况；2. 核对设计文件，观察、试验检查	D24 第4.19.1条	1. 监测点摄像头、红外对射、门禁、烟感探头的布设与设计文件不符；2. 现场测试功能元件，系统无动作	—	—	责令改正
21	箱式分区所、箱式开闭所、箱式AT所	1. 安装、固定方式，排列顺序，电气性能检验；2. 核对设计文件，观察检查	D24 第4.20.1条~第4.20.3条	1. 箱体底部安装与基础槽钢未密封；2. 箱体安装、排列顺序与设计文件不符；3. 电气性能检验不合格	—	—	责令改正

接触网监督检查事项

表4-3

序号	检查环节	检查内容和方法	检查依据	常见问题或情形	定性	处理依据	处理措施
1	一般规定	检查验收项目	D24 第5.1.1条	接触网工程施工质量验收项目缺项	验收程序不规范	—	责令改正

续上表

序号	检查环节	检查内容和方法	检查依据	常见问题或情形	定性	处理依据	处理措施
2	进场检验	1. 查订货合同； 2. 查进场台账； 3. 查合格证、质量检验报告、说明书； 4. 核对实物 （注：接触网设备、线材及零部件包含：化学锚栓螺杆及锚固胶、环形等径混凝土柱、钢柱、吊柱、硬横跨、电力金具和接地、标志牌、号码牌、接触网零部件、绝缘子、承力索和接触线、隔离开关、分段绝缘器、架空导线、接地极、高压电缆，依次为第5.2.2条~第5.2.17条，问题同右）	D24 第5.2.2条~第5.2.17条 （第3.3.1条）	1. 进场检验批次不符合相关规定； 2. 规格、型号、数量、技术参数不符合设计文件要求； 3. 合格证、质量检验报告等质量证明文件不齐全，或质量证明文件不符合设计文件要求； 4. 属于铁路专用产品认证管理的产品无认证证明文件； 5. 设备缺铭牌和标识	未对建筑材料或配件进行检验，使用不合格的建筑材料或配件	B02 第六十四条、第六十五条	责令改正，罚款等

续上表

序号	检查环节	检查内容和方法	检查依据	常见问题或情形	定性	处理依据	处理措施
3	基础及预埋、预留件	1. 尺量基础外形尺寸、地脚螺栓外露长度； 2. 查硬横跨、拉线独立架设附加线基础质量； 3. 查隧道内预埋滑槽质量； 4. 查桥梁上预留上网电缆孔位置及孔径大小； 5. 查接地端子与贯通地线连接、预留位置、外露及接地电阻	D24 第5.3.1条～ 第5.3.3条、 第5.3.5条～ 第5.3.7条	1. 基础外形尺寸、地脚螺栓外露长度不符合设计要求； 2. 硬横跨两基础中心线与车站正线不垂直；基础位置侵入限界； 3. 拉线基础螺栓规格型号、螺栓布置不符合设计要求； 4. 隧道内预埋滑槽位置、埋入深度、垂直度及间距不符合设计要求； 5. 桥梁上预留上网电缆孔位置及孔径大小不符合设计要求； 6. 接地端子与贯通地线没有可靠连接，预留位置、外露及接地电阻不符合设计要求	未按工程设计图纸或施工技术标准施工	—	责令改正
4	化学锚栓	1. 查化学锚栓布置、施工偏差； 2. 查化学锚栓螺杆横向、纵向、顺线路方向的允许偏差； 3. 查桥梁及隧道区段的化学锚栓锚固抗拔力	D24 第5.4.1条～ 第5.4.3条	1. 化学锚栓锚孔深度、垂直度和相邻间距超过允许偏差； 2. 化学锚栓螺杆顺线路方向的施工允许偏差超过±500mm，垂直线路方向面超过±30mm； 3. 桥梁及隧道区段的化学锚栓锚固抗拔力小于工作荷载	未按施工技术标准施工	—	责令改正

续上表

序号	检查环节	检查内容和方法	检查依据	常见问题或情形	定性	处理依据	处理措施
5	支柱	查环形等径预应力混凝土支柱、钢柱施工	D24 第5.5.1条~第5.5.5条	1. 环形等径预应力混凝土支柱安装的规格、型号、位置不符合设计要求； 2. 埋设深度不足； 3. 支柱局部有露筋、有裂纹； 4. 钢柱型号、规格及安装位置不符合设计要求； 5. H型钢柱端面不与线路平行，支柱扭面允许偏差大于2°	未按工程设计图纸或施工技术标准施工	—	责令改正，罚款等
6	隧道吊柱	查隧道吊柱施工	D24 第5.6.1条~第5.6.3条	1. 隧道吊柱型号、规格及安装位置不符合设计文件要求； 2. 隧道吊柱固定螺栓未配戴双螺母，扭紧螺母后螺栓外露长度小于30mm，螺栓紧固力矩不符合设计文件要求； 3. 吊柱未采用镀锌钢闭合型或U形垫片	未按工程设计图纸或施工技术标准施工	—	责令改正
7	硬横跨及吊柱	1. 查硬横梁的安装质量； 2. 查硬横跨吊柱受力后横、顺线路方向的垂直度	D24 第5.7.1条~第5.7.2条	1. 硬横梁的安装质量不符合验标要求； 2. 硬横跨吊柱受力后横、顺线路方向不垂直，倾斜度大于1°	未按施工技术标准施工	—	责令改正

续上表

序号	检查环节	检查内容和方法	检查依据	常见问题或情形	定性	处理依据	处理措施
8	拉线	查拉线施工	D24 第5.8.1条~ 第5.8.5条	1. 拉线安装不符合设计文件要求，侵入铁路建筑限界； 2. 拉线与基础未采用拉线底板连接，拉线底板安装不水平； 3. 拉线有断股、松股和接头； 4. 拉线底座与支柱不密贴，双耳楔形线夹在受力面安装不正确，拉线在楔形线夹的回头绑扎长度为500mm，回头和本线的绑扎长度为100mm，其施工允许偏差不符合标准要求； 5. UT楔形线夹在任受力后，螺栓螺纹外露长度小于20mm，大于螺纹全长一半	未按工程设计图纸或施工技术标准施工	—	责令改正
9	标志牌、号码牌	观察、测量	D24 第5.9.1条	安装位置阻挡瞭望，侵入铁路建筑限界	—	—	责令改正
10	腕臂结构	1. 查预配腕臂情况； 2. 查腕臂安装情况	D24 第5.10.1条、第5.10.2条	1. 预配腕臂各连接螺栓紧固力矩不符合设计文件要求；预配完毕后各项长度尺寸允许偏差超过±5mm； 2. 腕臂安装不符合腕臂安装曲线，允许偏差超过±20mm	未按工程设计图纸或施工技术标准施工	—	责令改正

续上表

序号	检查环节	检查内容和方法	检查依据	常见问题或情形	定性	处理依据	处理措施
11	补偿装置	1. 查补偿装置之承力索、补偿绳、坠砣； 2. 查棘轮补偿装置	D24 第5.11.1条、第5.11.2条	1. 承力索、接触线在补偿装置处的张力不符合设计文件要求；补偿装置状态不完整，转动不灵活；补偿绳有松股、断股等缺陷，有接头；坠砣距地面安装高度不符合设计安装曲线，施工允许偏差不符合设计与验标要求； 2. 棘轮安装不垂直，有偏斜扭曲现象，补偿绳排布不整齐，补偿绳与棘轮边缘导槽相磨	未按工程设计图纸或施工技术标准施工	—	责令改正
12	承力索及接触线	查承力索及接触线架设情况	D24 第5.12.2条～第5.12.5条	1. 承力索及接触线没有按设计锚段长度对号架设，承力索及接触线有接头； 2. 承力索及接触线终端锚固安装不符合设计文件要求； 3. 交叉线岔处正线及重要线的接触线没有在下方； 4. 接触线有硬弯、扭面、划痕现象，个别地点接触线扭面较严重	未按工程设计图纸或施工技术标准施工	—	责令改正

续上表

序号	检查环节	检查内容和方法	检查依据	常见问题或情形	定性	处理依据	处理措施
13	中心锚节	1.查设计文件; 2.查安装情况、螺栓紧固力矩测量资料; 3.查全补偿链型悬挂接触线中心锚结两边锚结张力,接触线中心锚结线夹处接触线高度; 4.查中心锚结辅助绳的长度	D24 第5.13.1条~ 第5.13.3条	1.中心锚结安装位置、形式,采用的线材及连接件规格、型号不符合设计文件要求,螺栓紧固力矩未测试; 2.全补偿链型悬挂接触线中心锚结线两边锚结张力不相等且中心锚结不符合设计文件要求,接触线中心锚结线夹处接触线高度与相邻吊弦处接触线悬挂高度不等高,偏差超过允许值; 3.中心锚结辅助绳的长度不符合设计要求,偏差超过±20mm	未按工程设计图纸或施工技术标准施工	—	责令改正
14	定位装置	1.查设计文件; 2.查定位管及定位管吊线安装情况; 3.查定位线夹安装情况; 4.查定位装置安装情况	D24 第5.14.1条~ 第5.14.3条	1.定位管端头与定位管上安装的零部件的距离小于50mm;定位吊线不顺直,线索的空间距离小于100mm; 2.定位线夹安装、U形销钉的末端向上弯曲小于60°; 3.定位装置U形螺栓紧固力矩、定位器安装不符合设计文件要求;防风拉线固定环安装方向未位于下锚侧	未按施工技术标准施工	—	责令改正

续上表

序号	检查环节	检查内容和方法	检查依据	常见问题或情形	定性	处理依据	处理措施
15	吊弦及弹性吊索	1. 查抽测吊弦及弹性吊索的长度，抽测吊弦夹的紧固力矩，观察吊弦的偏移情况及受力情况； 2. 查施工日志，检验批验收记录等质量管理资料	D24 第5.15.1条~ 第5.15.3条	1. 弹性吊索的长度不符合设计文件要求，允许偏差超过±20mm；吊弦有散股和断股现象； 2. 弹性吊索的安装张力允许偏差大于±0.1kN，弹性吊索夹布置栓紧紧固力矩不符合设计文件要求； 3. 吊弦布置允许偏差超过±50mm	未按工程设计图纸或施工技术标准施工	—	责令改正，罚款等
16	悬挂调整	1. 查设计文件、施工记录、检验批资料； 2. 现场测量	D24 第5.16.1条~ 第5.16.4条、 第5.16.6条、 第5.16.8条、 第5.16.11条	1. 悬挂定位点处相邻跨的接触线，顺线路方向的夹角变化大于4°； 2. 接触网空气绝缘间隙超标； 3. 接触网弹性链型悬挂1个跨距内两相邻吊弦处的接触线高度差大于10mm； 4. 接触线拉出值超出设计允许误差的较多（允许偏差±30mm）； 5. 接触线悬挂点距轨面的高度偏差超过±30mm； 6. 锚段关节处调整不到位，线、索号定位器、定位管相磨，电气距离不符合设计和规范要求； 7. 上下行带电体距离不足2m，困难时不足1.6m	未按工程设计图纸或施工技术标准施工	—	责令改正

续上表

序号	检查环节	检查内容和方法	检查依据	常见问题或情形	定性	处理依据	处理措施
17	电连接	1. 查设计文件； 2. 查电连接压接后滑动荷载； 3. 查电连接的安装情况； 4. 查电连接线夹处接触线高度应与相邻吊弦处高度	D24 第5.17.1条～ 第5.17.3条	1. 电连接压接后滑动荷载不满足设计文件要求； 2. 线夹规格、型号、安装形式不符合设计文件要求；电连接线有断股和松股现象，未预留因温度变化而产生的位移长度；安装位置偏差超过±500mm； 3. 电连接线夹处接触线高度与相邻吊弦处高度不相等，施工偏差为0，+5mm	未按工程设计图纸或施工技术标准施工	—	责令改正
18	隔离开关	1. 对照施工图、设备技术规格书、设备说明书等技术资料，查设备安装质量，抽测关键点的尺寸； 2. 抽查施工日志、冷滑试验、验批验收记录等质量管理资料	D24 第5.18.1条、 第5.18.2条、 第5.18.4条、 第5.18.6条	1. 隔离开关、负荷开关安装位置、型号及各部尺寸不符合设计文件要求； 2. 操作机构的分、合闸指示与开关的实际分、合位置不一致，操作机构箱未密封良好，箱体及托架有锈蚀； 3. 隔离开关、负荷开关触头接触不紧密； 4. 开关托架倾斜不平，瓷柱不垂直，操作机构安装位置不便于操作；电连接没有涂导电膏	未按工程设计图纸或施工技术标准施工	—	责令改正，罚款等

续上表

序号	检查环节	检查内容和方法	检查依据	常见问题或情形	定性	处理依据	处理措施
19	避雷器	核对施工图,检查设备安装质量,抽测关键点的尺寸	D24 第5.18.8条、第5.18.9条	1. 避雷器安装不竖直,支架不平,连接不平直; 2. 避雷器工作接地、保护接地不符合设计文件要求	—	—	责令改正
20	分段绝缘器	核对规格书、设备说明书等技术资料,检查设备安装质量,抽测关键点的尺寸	D24 第5.18.11条~第5.18.13条	1. 安装位置不符合设计文件要求,连接不平顺,与接触线接头不平滑,滑轨与轨面连接平滑,与轨面通过时不平滑,有打弓现象; 2. 两端接触线高度不符合设计要求:平均温度时接触力索不平行,在绝缘器件的正上方; 3. 分段绝缘安装后承力索、接触线的张力及补偿装置距地面的高度不符合设计文件要求	未按工程设计图纸或施工技术标准施工	—	责令改正
21	线岔	1. 查设计文件; 2. 观察、测量	D24 第5.19.1条、第5.19.3条~第5.19.5条	1. 岔区腕臂顺线路移量偏差超过±20 mm,两支承力索垂直间隙小于60mm; 2. 线岔调整不到位,线岔始触区内存在线夹; 3. 无交叉线岔安装力索及定位环高度施工偏差超过±20mm;定位管安装坡度、定位器抬升量不符合设计文件要求; 4. 正线接触线高于侧线接触线	未按工程设计图纸或施工技术标准施工	—	责令改正、罚款等

续上表

序号	检查环节	检查内容和方法	检查依据	常见问题或情形	定性	处理依据	处理措施
22	锚段关节式电分相	核对施工图、设备说明书等技术资料，检查设备安装质量，抽测关键点的尺寸	D24 第5.20.1条~第5.20.4条	1. 锚段关节带电部分的空气绝缘间隙不符合设计文件要求，施工偏差超过0、+50mm；2. 锚段关节转换跨内两接触线等高处接触线高度不符合设计文件要求，施工偏差超过±10mm；3. 自动过分相地面磁感应器设置不符合设计文件要求，施工偏差超过±2m；地面磁感应器安装不牢靠，完整，表面不清洁；4. 锚段关节式电分相无电区、中性段的长度不符合设计文件要求，施工偏差超过500mm	未按工程设计图纸或施工技术标准施工	—	责令改正，罚款等
23	架空导线	1. 查设计文件；2. 查架空导线肩架与支柱连接情况；3. 查架空导线弛度；4. 查架空导线接头、补强情况；5. 量测架空导线对地面及相互间距离最小	D24 第5.21.1条~第5.21.3条、第5.21.5条	1. 架空导线肩架与支柱不密贴，未紧固牢靠；2. 架空导线弛度不符合设计文件要求；3. 架空导线接头、补强跨越铁路、一二级公路，重要的通航河流及不同金属、不同规格、不同绞方向的导线有接头；1个耐张位置悬挂头超过1个；接头、补强位置悬挂距小于500mm；4. 架空导线对地面悬挂及相互间距不符合验收标准要求	未按工程设计图纸或施工技术标准施工	—	责令改正

续上表

序号	检查环节	检查内容和方法	检查依据	常见问题或情形	定性	处理依据	处理措施
24	接地及回流引线	1. 现场测量接触网设备及其邻近物接地装置的接地电阻值； 2. 查接地网与综合接地系统连接的质量； 3. 查接地极埋入地下深度及连接处	D24 第5.22.1条~第5.22.3条、第5.22.6条	1. 独立接地极接地方式及接地电阻不符合设计文件要求，且独立接地极的接地电阻值不符合标准规定； 2. 接地网接地与综合接地系统连接的质量不符合设计要求； 3. 回流引线安装不符合设计文件要求，回流引线与扼流变压器中性点连接未采用双螺母，连接不牢固； 4. 埋入地下部分扁钢未涂沥青或防腐油，地上部分未涂防锈漆； 5. 接地极埋入地下深度小于0.8m	未按工程设计图纸或施工技术标准施工	—	责令改正
25	27.5kV 电缆	1. 查设计文件； 2. 查现场电缆敷设情况； 3. 查电缆的保护管及固定金具； 4. 查电缆附件的制作安装情况； 5. 查电缆的电气性能试验报告	D24 第5.23.1条~第5.23.3条	1. 电缆的型号、敷设径路、终端位置不符合设计文件要求；电缆过建筑物端部处、电缆中间接头处，穿过道路两旁未埋设电缆标桩或标识，直线段超过35~50m未设置一根电缆标桩，电缆直埋时小于1m；表面距地面小于0.7m，穿越农田时小于1m； 2. 电缆的保护管及固定金具材质、间距不符合设计文件要求，电缆固定金具构成不符合设计文件要求； 3. 电缆附件的制作安装不符合相关规定，未拍摄影像资料	未按工程设计图纸或施工技术标准施工	—	责令改正

第四章 ◇ 铁路电力牵引供电工程质量监督检查

供电调度系统监督检查事项

表 4-4

序号	检查环节	检查内容和方法	检查依据	常见问题或情形	定性	处理依据	处理措施
1	进场检验	1. 查检验资料（设备进场台账，检验台账，合格证，厂家检验报告等）； 2. 依据设计文件及订货合同，检查实物外观和质量证明文件	D24 第3.3.1条	1. 未按规定进行设备的进场检验，未检先用，或设备合格证、厂家检验报告不全； 2. 上道工序未按规定进行检查验收，但已进行下道工序	未对设备进行检验	B02 第六十五条	责令改正，罚款等
2	远动设备安装	1. 查设备安装位置、方式、排列顺序，接地电阻，接地及防静电措施； 2. 现场检查	D24 第6.3.2条、第6.3.4条、第6.3.5条	1. 屏柜与底座连接不牢固，底座悬空；同排屏柜，相邻屏柜安装不紧密，屏柜正面不在同一直线上，二次接线连接不紧，电缆排列不整齐；屏柜、电缆回路编号无标识或标示缺失，不清晰；屏柜内插件有松动现象； 2. 设备接地及防静电措施、数据传输电缆屏蔽措施不符合设计要求； 3. 屏柜等设备门、盖变形，开启不灵活，关闭不严密	未按工程设计图纸或施工技术标准施工	B02 第六十四条	责令改正，罚款等
3	远动系统检验	1. 远动系统功能及主要性能指标测试； 2. 现场试验检查	D24 第6.4.1条、第6.4.2条	1. 远动系统功能无法实现或部分功能缺失； 2. 远动系统主要性能指标不达标	—	—	责令改正

第五章
铁路通信工程质量监督检查

本章介绍铁路通信工程质量监督检查的主要内容。铁路通信工程质量监督检查主要包括基本规定、室内设备、通信线路、传输、接入网、电话交换、数据通信网、有线调度通信、移动通信、综合视频监控、电源设备、电源及设备房屋环境监控(监控系统)。

一、主要检查内容

基本规定方面主要检查工程采用的材料、构配件和设备进场检验和各工序验收、通信与土建工程接口、隐蔽工程影像留存和验收等检查事项。

室内设备方面主要检查进场检验、设备安装、布线及配线、防雷及接地等检查事项。

通信线路方面主要检查光电缆进场检验、敷设、防护、接续、引入、线路检测等检查事项。

传输方面主要检查传输系统质量检验条件、传输设备单机检验、传输系统检验、传输系统网管检验等检查事项。

接入网方面主要检查接入网系统质量检验条件、接入网设备安装和配线、接入网设备单机检验、接入网系统检验、接入网网管检验等检查事项。

电话交换方面主要检查电话交换网系统质量检验条件、电话交换网系统检验、电话交换网网管检验等检查事项。

数据通信网方面主要检查数据通信网设备单机检验、数据通信网系统检验、数据通信网网管检验、数据通信网设备单机检验等检查事项。

有线调度通信方面主要检查有线调度通信系统质量检验条件、有线调度通信设备单机检验、有线调度通信系统检验、有线调度通信系统网管检验等检查事项。

移动通信方面主要检查质量检验条件、塔基础及杆塔安装、天线和射频同轴电缆安装、LCX安装、接地装置、核心网检验、无线子系统检验、终端检验等检查事项。

综合视频监控方面主要检查系统质量检验条件、综合视频监控设备单机检验、综合视频监控系统检验、综合视频监控系统网管检验等检查事项。

电源设备方面主要检查电源设备验收和受电启动、电源设备检验等检查事项。

电源及设备房屋环境监控（监控系统）方面主要检查质量检验条件、监控系统设备单机检验、监控系统检验等检查事项。

二、质量控制措施

1. 基本规定

1）进场检验和各工序验收

工程采用的材料、构配件和设备进场检验和各工序验收。

2）通信与土建工程接口

接地端子、沟、槽、管、孔、设备房屋、场坪、防雷及接地等相关接口工程交接记录。

3）隐蔽工程影像留存

施工隐蔽工程影像资料留存。

4）验收

进场检验资料、检验批、分项工程质量验收表、分部工程质量验收表、单位工程质量验收表、核查和主要功能抽查记录表、感观质量检查记录表等。

2. 室内设备

1）室内设备、材料及构配件进场检验

（1）按进场的批次进行检验。

（2）规格、型号、数量符合设计文件和订货合同的要求。

（3）合格证、质量检验报告等质量证明文件，以及产品技术文件齐全并符合设计文件和订货合同的要求。

2）设备安装

（1）设备安装位置和方式符合设计文件、使用维护的要求和有关标准的规定。

（2）设备安装的稳固性、密封性符合要求。

3）布线及配线

（1）线缆布放及防护符合设计文件、使用维护的要求。

（2）线缆布放和捆扎规范，线缆间隔、布放曲线半径等符合有关标准的规定。

（3）线缆布放防护、防火及防雷措施符合有关标准的规定。

（4）缆线无破损；缆线焊接、接线方式等符合有关标准的规定。

（5）缆线焊接、接线方式等符合有关标准的规定。

（6）线缆两端标识齐全，预留量足够。

4)防雷及接地

(1)防雷设备安装位置和方式符合设计文件、使用维护的要求和有关标准的规定。

(2)接地方式符合设计文件、使用维护的要求和有关标准的规定。

(3)设备及接地端子等标识齐全,连接线布放规范。

3. 通信线路

1)光电缆进场检验

(1)按进场的批次进行检验。

(2)规格、型号、数量符合设计文件和订货合同的要求。

(3)合格证、质量检验报告等质量证明文件,以及产品技术文件齐全并符合设计文件和订货合同的要求。

2)光电缆敷设

(1)光电缆规格型号、敷设长度、物理径路、直埋埋深、架设高度等符合设计文件、使用维护的要求或有关标准的规定。

(2)与其他线缆设施的间距、布放曲线半径等符合相关标准的规定。

(3)光电缆线路余留位置和长度符合设计要求。

3)光电缆防护

(1)光电缆敷设按相关标准的规定采取相应防护措施。

(2)按相关标准的规定对电缆进行接地处理或措施齐全。

(3)敷设径路标识完整。

4)光电缆接续

(1)光电缆接续位置、绝缘处理、密封处理、纤芯/芯线布放曲线半径等符合相关标准的规定。

(2)芯线接续正确。

5)光电缆引入

(1)光电缆引入有绝缘处理。

(2)光电缆引入采用阻燃材料封堵。

(3)光电缆固定规范。

(4)光电缆终端安装位置符合设计文件要求或相关标准的规定。

6)光电缆线路检测

(1)光纤接头及线路衰减数值、光中继段测试数值符合设计要求或相关标准的规定。

(2)电缆音频段电性能数值符合设计要求或相关标准的规定。

4. 传输

1) 传输系统质量检验条件

传输系统质量检验前,检查确认通信线路、时钟同步及设备单机检验结果,核实网络拓扑结构和数据配置符合设计文件要求。

2) 传输设备单机检验

(1) SDH设备光电接口性能、抖动性能、冗余切换功能、以太网业务性能等参数符合设计文件要求或相关标准的规定。

(2) OTN设备功能单元、光电接口性能、抖动性能、合波分波器性能、光放大器性能、光监控通道性能、光信噪比、时间同步精度、时钟同步精度等参数及设备主控、交叉、时钟、电源等功能(1+1)保护符合设计文件要求或相关标准的规定。

3) 传输系统检验

(1) SDH设备接收光功率、误码率、抖动性能、保护倒换、同步方式、以太网透传功能、以太网二层交换功能、以太网业务丢包率、公务联络电话设置及呼叫功能等参数符合设计文件要求或相关标准的规定。

(2) OTN设备系统功能、系统性能、主光通路性能、同步方式、公务联络电话设置及呼叫功能等参数符合设计文件要求或相关标准的规定。

4) 传输系统网管检验

(1) 传输系统网管设备的硬件配置、软件版本、网元接入能力符合设计文件或合同文件的要求。

(2) SDH或OTN系统网管的故障管理、配置管理、性能管理、计费管理和安全管理功能符合相关标准的规定。

(3) 传输系统网管提供了北向接口。

5. 接入网

1) 接入网系统质量检验条件

接入网系统质量检验前,检查确认传输通道、电话交换网及设备单机检验结果,核实网络拓扑结构和数据配置符合设计文件要求。

2) 接入网设备安装和配线

(1) 设备安装位置和方式符合设计文件、使用维护的要求和有关标准的规定。

(2) 设备安装的稳固性、密封性符合要求。

(3) 线缆布放及防护符合设计文件、使用维护的要求。

(4) 线缆布放和捆扎规范,线缆间隔、布放曲线半径等符合有关标准的规定。

(5) 线缆布放防护、防火及防雷措施符合有关标准的规定。

(6)缆线无破损。

(7)线缆两端标识齐全,预留量足够。

(8)接地方式符合设计文件、使用维护的要求和有关标准的规定。

3)接入网设备单机检验

(1)EPON或GPON设备传输光接口性能参数符合设计文件要求或相关标准的规定。

(2)业务节点STM~1接口、GE接口、E1接口、V5接口、Z接口、FXO接口等符合设计文件要求或相关标准的规定。

(3)接入网设备的主控、电源等关键板件冗余配置符合设计文件要求或相关标准的规定。

4)接入网系统检验

(1)传输时延、吞吐量、长期丢包率等参数符合文件要求或相关标准的规定。

(2)设备具备光纤倒换功能。

(3)设备具备电话业务功能。

5)接入网网管检验

(1)接入网网管设备的硬件配置、软件版本、网元接入能力符合设计文件或合同文件的要求。

(2)接入网网管的故障管理、配置管理、性能管理、安全管理和日志管理功能符合相关标准的规定。

(3)接入网网管提供了北向接口。

6.电话交换

1)电话交换网系统质量检验条件

电话交换网系统质量检验前,检查确认传输通道及时钟同步网,核实数据配置符合设计文件要求。

2)电话交换网系统检验

(1)电话交换网设备的时分复用(TDM)交换系统功能及性能符合相关标准的规定。

(2)基于IP的电话交换网功能及性能符合相关标准的规定。

(3)TDM交换系统关键单元、基于IP的电话交换系统冗余配置及倒换功能符合相关标准的规定。

(4)电话交换网的局间信令和中继电路呼叫功能符合相关标准的规定。

(5)电话交换网的容量、话务负荷能力等参数符合设计文件的要求。

3)电话交换网网管检验

(1)电话交换系统网管设备的硬件配置、软件版本、网元接入能力符合设计文件或合同文件的要求。

（2）电话交换网网管的故障管理、配置管理、性能管理和安全管理功能符合相关标准的规定。

（3）电话交换系统网管提供了北向接口。

7. 数据通信网

1）数据通信网系统质量检验条件

数据通信网系统质量检验前,检查确认光纤、传输通道及单机检验结果,核实数据配置符合设计文件要求。

2）数据通信网设备单机检验

（1）路由器设备的接口中心波长、平均发送光功率、平均接收光功率、接收灵敏度、路由表容量、转发延迟、端口吞吐量、丢包率等性能符合设计文件的要求或相关标准的规定。

（2）网络交换机设备的接口中心波长、平均发送光功率、接收灵敏度、端口吞吐量、突发长度、过负荷、地址缓存能力、时延和时延抖动、丢包率等性能符合设计文件的要求或相关标准的规定。

（3）数据通信网设备中具有路由引擎、交换、电源、主控等功能的关键板卡冗余配置符合设计文件的要求和相关标准的规定。

（4）数据通信网设备数据配置符合相关标准的规定。

3）数据通信网系统检验

（1）数据通信网的连通性符合设计文件的要求。

（2）数据通信网的端到端性能符合相关标准的规定。

（3）系统功能、网络安全配置和功能、时间同步等符合设计文件的要求或相关标准的规定。

4）数据通信网网管检验

（1）数据网网管设备的硬件配置、软件版本、网元接入能力符合设计文件或合同文件的要求。

（2）数据通信网网元级管理系统功能符合相关标准的规定。

（3）数据通信网网管提供了北向接口。

8. 有线调度通信

1）有线调度通信系统质量检验条件

有线调度通信系统质量检验前,检查确认传输系统、数据通信网、移动通信系统及设备单机检验结果,核实网络拓扑结构和数据配置符合设计文件要求。

2）有线调度通信设备单机检验

(1)有线调度通信设备中继接口、用户接口类型及性能等符合相关标准的规定。

(2)调度交换机的主控部分、交换网络、电源模块冗余配置及倒换功能符合设计文件的要求和有关标准的规定。

(3)调度台/值班台的功能及性能符合相关标准的规定。

(4)数字语音记录仪的功能符合相关标准的规定。

3)有线调度通信系统检验

(1)有线调度通信系统传输性能、系统功能、内部呼叫接续故障率、主备用调度交换机倒换时间、时钟同步、时间同步等性能参数符合设计文件的要求或相关标准的规定。

(2)有线调度通信系统与 GSM-R 系统间互联互通功能符合相关标准的规定。

4)有线调度通信系统网管检验

(1)有线调度通信系统网管设备的硬件配置、软件版本、网元接入能力符合设计文件或合同文件的要求。

(2)有线调度通信系统网管的故障管理、配置管理、性能管理和安全管理功能符合相关标准的规定。

(3)有线调度通信系统网管提供了北向接口。

9．移动通信

1)质量检验条件

GSM-R 系统质量检验前,检查确认传输系统、数据通信网、有线调度系统和电磁环境测试。

2)杆塔基础及杆塔安装

(1)杆塔材料及构件符合相关标准的规定或具有相应资质的检测机构提供的检验报告。

(2)铁塔基础进行了混凝土抽样检测。

(3)铁塔基础及天线杆基础隐蔽部分影像资料完整。

(4)构件材料进行了防锈处理。

(5)构件长度、弯曲、厚度等参数符合设计文件要求。

(6)铁塔基坑位置、开挖尺度、混凝土外观及尺寸、基础深度及高程、地基承载力、钢筋配置及连接、地网安装等符合设计文件的要求和有关标准的规定。

(7)塔靴与基础预埋螺栓连接牢固,进行了防腐处理。

(8)连接螺栓的强度等级、连接紧固度符合设计文件的要求。

(9)铁塔防攀爬、防拆盗、防螺栓松动的安全措施符合设计文件要求。

(10)铁塔平台、爬梯、天线加挂支柱、避雷针安装牢固。

(11)无动荷载时,铁塔中线垂直倾斜小于塔高的1/1500。

(12)天线杆强度、安装方式符合设计文件要求。

(13)铁塔、天线杆底座、天线杆防雷接地措施符合设计文件要求和相关标准的规定。

3)天线和射频同轴电缆安装

(1)天线外观无变形、破损、断裂等现象。

(2)天线安装方式、高度、角度、间距等符合设计文件和相关标准的规定。

(3)单盘射频同轴电缆的电气性能符合有关标准的规定。

(4)射频电缆引入室内的方式及防水防火措施符合设计文件的要求和相关标准的规定。

(5)视频同轴电缆防雷接地措施符合设计文件要求和相关标准的规定。

(6)天线、射频同轴电缆的电压驻波比小于1.5。

4)LCX 安装

(1)单盘 LCX 电气性能符合设计文件要求和相关标准的规定。

(2)LCX 在隧道内、外的敷设符合设计文件要求和相关标准的规定。

(3)LCX 敷设安全保护距离符合相关标准的规定。

(4)直流隔断器、LCX 防雷及接地符合设计文件要求和相关标准的规定。

(5)LCX 接续牢固。

(6)LCX 双向电压驻波比及传输衰耗性能符合设计文件要求和相关标准的规定。

5)接地装置

(1)接地装置的安装位置及方式符合设计文件要求。

(2)接地体、接地线等之间的焊接符合相关标准的规定焊接处未做防腐处理。

(3)接地线、接地体、接地端子连接牢靠。

6)核心网检验

(1)移动交换中心、归属位置寄存器、鉴权中心、智能网、GPRS 服务支持节点、GPRS 网关支持节点、域名服务器、认证服务器、短消息服务中心等设备性能符合设计文件的要求及相关标准的规定。

(2)设备冗余保护符合设计文件的要求及相关标准的规定。

(3)时钟同步符合设计文件的要求及相关标准的规定。

7)无线子系统检验

(1)基站性能及功能符合相关标准的规定。

(2)模拟光纤直放站和数字光纤直放站性能及功能符合设计文件的要求及相关标准的规定。

(3)干扰保护比符合相关标准的规定。

(4)无线场强覆盖范围和最小接收电平符合设计文件的要求及相关标准的规定。

(5)设备冗余保护符合设计文件的要求及相关标准的规定。

(6)时钟同步符合设计文件的要求及相关标准的规定。

8)终端检验

(1)手持终端的相位误差、平均频率误差、载波平均发射功率、静态参考灵敏度电平等性能参数符合相关标准的规定。

(2)车载无线终端库检功能符合设计文件的要求。

10.综合视频监控

1)综合视频监控系统质量检验条件

综合视频监控系统质量检验前,检查确认单机检验结果,核实承载网络的传输质量及网络带宽、数据配置符合设计文件要求。

2)综合视频监控设备单机检验

(1)摄像机、云台功能及性能参数符合设计文件的要求或相关标准的规定。

(2)存储设备配置、容量、硬盘在线插拔、存储保护功能、电源模块热备功能等性能参数符合设计文件的要求或相关标准的规定。

(3)视频服务器电源冗余配置、分发及转发能力、存储能力、硬盘保护机制及容量等性能参数符合设计文件的要求或相关标准的规定。

3)综合视频监控系统检验

(1)音频处理、视频存储、视频回放、视频分发和转发、音视频实时监视、云台镜头/云镜控制、视频分析、系统联动等功能符合设计文件的要求或相关标准的规定。

(2)系统端到端延时、图像质量、系统关联相应时间、设备时间同步、告警图像预录时间等参数符合相关标准的规定。

4)综合视频监控系统网管检验

(1)综合视频监控系统网管设备的硬件配置、软件版本、网元接入能力符合设计文件或合同文件的要求。

(2)综合视频监控系统网管的故障管理、配置管理、性能管理、安全管理和日志管理功能符合相关标准的规定。

11.电源设备

1)电源设备验收和受电启动

电源设备系统质量检验前,检查确认电源设备检验结果,核实外部电源接入或电源设备接地符合设计文件要求。

2）电源设备检验

交流配电设备、直流配电设备、高频开关电源、UPS及蓄电池的功能性能符合设计文件的要求或相关标准的规定。

12. 电源及设备房屋环境监控（监控系统）

1）系统质量检验条件

监控系统质量检验前，检查确认传输通道、数据通信网、单机设备和被控设备的安装调测结果。

2）监控系统设备单机检验

（1）监控中心服务器设备电源模块冗余和存储容量符合设计文件的要求或相关标准的规定。

（2）监控站监控单元存储告警记录时间符合设计文件的要求或相关标准的规定。

3）监控系统检验

（1）监控系统的监控对象、方式及内容符合设计文件的要求或相关标准的规定。

（2）监控系统的功能及性能符合相关标准的规定。

（3）监控中心未接入时间同步系统，监控站与监控中心时间同步。

（4）监控系统与通信综合网管系统、综合视频系统、直放站网管系统、照明系统的互联符合相关标准的规定。

三、监督检查事项

铁路通信工程质量监督检查项点主要有检查环节、检查内容和方法、检查依据、常见问题或情形、定性、处理依据和处理措施，具体内容详见表5-1~表5-12。

基本规定

表 5-1

序号	检查环节	检查内容和方法	检查依据	常见问题或情形	定性	处理依据	处理措施
1	进场检验和工序验收	1. 查检验资料（材料、构配件和设备进场合格证、检验台账、厂家检验报告、检验批等）； 2. 现场检查	D21 第 3.1.3 条	1. 未按规定进行材料、构配件和设备进场检验；未检验使用；或使用检验不合格的材料、构配件和设备； 2. 上道工序还未按规定进行检查验收，但已进行下道工序	未对材料、构配件、设备进行检验，使用不合格的材料、构配件、设备	B02 第六十四条、第六十五条	责令改正，罚款等
2	通信与建工工程接口	1. 核对设计文件； 2. 现场量测、观察	D21 第 3.1.3 条	1. 预埋管线、支持件、预留孔洞、沟槽、基础等不符合要求； 2. 房建专业为通信机房预留的电缆沟槽位置不符合通信专业设计需要	未按工程设计图纸或施工技术标准施工	B02 第六十四条	责令改正，罚款等
3	隐蔽工程影像资料	查隐蔽工程影像资料	D21 第 3.1.4 条	1. 未按规定拍摄留存影像资料； 2. 影像资料主题未突出； 3. 影像资料缺失、不完整（需留存影像的有：直埋光电缆、管道、铁塔基础、天线杆基础）	未按施工技术标准施工	B02 第六十四条	责令改正，罚款等
4	验收	查进场检验资料、检验批、分项工程质量验收表、分部工程质量验收表、单位工程质量验收表，核查有关主要功能抽查记录表、感观质量检查记录表等	D21 第 3.3.1 条~第 3.3.4 条	1. 材料构配件和设备进场检验、检验批、分项工程、分部工程、单位工程验收不符合规范； 2. 验收支撑材料不齐全或未签字，但检验结论为"合格"； 3. 验收程序和组织不符合标准要求	验收程序不规范	—	责令改正

室内设备监督检查事项

表 5-2

序号	检查环节	检查内容和方法	检查依据	常见问题或情形	定性	处理依据	处理措施
1	进场检验	1. 查设备及材料合格证、质量检测报告、说明书、产品技术文件、产品认证文件有效期限、质量检测记录等； 2. 对照设计文件、有关标准和合同文件检查	D21 第4.2.1条	未按规定进行材料、构配件、设备的进场检验；未检先用或使用检验不合格的材料、构配件和设备	未对材料、构配件、设备进行检验，使用不合格的材料、构配件、设备	B02 第六十四条、第六十五条	责令改正，罚款等
2	设备安装	1. 检验设备安装位置和方式： (1) 落地式机柜/架； (2) 机柜/架内设备； (3) 壁挂式设备； (4) 嵌入式设备； (5) 台式设备； (6) 走线槽/架； (7) 台显设备等。 2. 检测方法：观察检测设备安装位置和方式是否符合设计文件、使用维护的规定和有关标准的要求；设备需加电检验显示效果及操作反应 (注：(1)~(7)对应D21第4.3.1条~第4.3.7条)	D21 第4.3.1条~ 第4.3.7条	1. 设备安装位置和方式不符合设计文件、使用维护的要求和有关标准的规定； 2. 设备安装的稳固性、密封性不符合要求	未按工程设计图纸或施工技术标准施工	—	责令改正

101

续上表

序号	检查环节	检查内容和方法	检查依据	常见问题或情形	定性	处理依据	处理措施
3	布线及配线	1. 室内布线检验（走线槽/架方式、防火措施、线缆间距、两端标识、布放曲线半径、预留量等）； 2. 室内光电缆配线检验（线位、两端标识、缆线外观、防雷接地、焊接方式、接线方式、接插件、连接器等）； 3. 检验方法：观察检测线缆的布放	D21 第4.4.1条~ 第4.4.3条	1. 线缆布放及防护不符合设计文件、使用维护的要求； 2. 线缆布放和捆扎不规范，线缆间隔、布放曲线半径等不符合有关标准的规定； 3. 线缆布放防护、防火及防雷措施不符合有关标准的规定； 4. 缆线破损； 5. 缆线焊接、接线方式等不符合有关标准的规定； 6. 线缆两端标识不全、预留量不足	未按工程设计图纸或施工技术标准施工	—	责令改正
4	防雷及接地	1. 防雷设备安装位置、方式及接地检验（电源防雷箱、浪涌保护器、等电位接地端子板/排、等电位连接接地）； 2. 检验方法：观察检测防雷设备安装位置、方式及接地是否符合设计文件、使用维护的要求和有关标准的规定	D21 第4.5.1条~ 第4.5.5条	1. 防雷设备安装位置和方式不符合设计文件、使用维护的要求和有关标准的规定； 2. 接地方式不符合设计文件、使用维护的要求和有关标准的规定； 3. 设备及接地端子等标识不全，连接布放不规范	未按工程设计图纸或施工技术标准施工	—	责令改正

通信线路监督检查事项

表 5-3

序号	检查环节	检查内容和方法	检查依据	常见问题或情形	定性	处理依据	处理措施
1	光电缆进场检验	1. 光电缆及配套器材设备检验（规格、型号、数量、外观、合格证、质量检测报告、产品说明书、产品认证文件有效期限、质量检测记录等）； 2. 检验方法：对照设计文件、有关标准和合同文件检查	D21 第5.2.1条	未按规定进行材料、构配件和器材设备的进场检验；未检验或使用未检验不合格的材料、构配件和器材设备	未对材料、构配件、设备进行检验，使用不合格的材料、构配件、设备	B02 第六十四条、第六十五条	责令改正，罚款等
2	光电缆敷设	1. 光电缆敷设检验（规格型号、敷设方式、物理路径、直埋埋深、架设高度、与其他线缆设施的间距、防护措施等）； 2. 检验方法：观察检测光电缆的规格型号、物理路径、敷设长度、直埋埋深、架设高度等，查看影像资料	D21 第5.3.1条、 第5.3.2条、 第5.3.4条、 第5.3.6条、 第5.3.13条、 第5.3.14条	1. 光电缆规格型号、物理路径、直埋埋深、敷设长度、架设高度等不符合设计文件、使用维护的要求或有关标准的规定； 2. 与其他线缆设施的间距、布放线半径等不符合相关标准规定； 3. 光电缆线路余留位置和长度不符合设计要求	未按工程设计图纸或施工技术标准施工	—	责令改正

续上表

序号	检查环节	检查内容和方法	检查依据	常见问题或情形	定性	处理依据	处理措施
3	光电缆防护	1. 光电缆防护措施检验(直埋、架设、无砟轨道路基地段、桥梁地段、桥隧区段、穿越轨道、公路、道口、水沟等); 2. 检验方法：观察检测光电缆各种敷设方式及敷设地段的防护措施是否符合相关标准的规定	D21 第5.3.3条、第5.3.5条、第5.3.8条、第5.3.12条、第5.3.15条	1. 光电缆敷设未按相关标准的规定采取相应防护措施; 2. 按相关标准的规定对电缆进行接地处理或措施不全; 3. 敷设各路标识缺失	未按工程设计图纸或施工技术标准施工	—	责令改正
4	光电缆接续	1. 光电缆接续检验(接续位置、芯线线序、绝缘处理、密封性、纤芯/芯线布放曲线半径等); 2. 检验方法：观察检测光电缆接续时各项措施是否符合相关标准的规定	D21 第5.3.9条、第5.3.10条	1. 光电缆接续位置、绝缘处理、密封处理、纤芯/芯线布放曲线半径等不符合相关标准的规定; 2. 芯线接续错误	未按工程设计图纸或施工技术标准施工	—	责令改正

续上表

序号	检查环节	检查内容和方法	检查依据	常见问题或情形	定性	处理依据	处理措施
5	光电缆引入	1. 光电缆引入检验（绝缘处理、封堵、成端等）； 2. 检验方法：观察检测光电缆引入时采用的绝缘处理、封堵及成端方式是否符合相关标准的规定	D21 第5.3.11条	1. 光电缆引入未做绝缘处理； 2. 光电缆引入未采用阻燃材料封堵； 3. 光电缆固定不规范； 4. 光电缆终端安装位置不符合设计文件要求或相关标准的规定	未按工程设计图纸或施工技术标准施工	—	责令改正
6	光电缆线路检测	1. 光电缆线路检查（光纤接头及线路衰减、光中继段测试，电缆音频段电性能测试等）； 2. 检测方法：参照相关标准的测试方法及规定进行测试	D21 第5.4.1条~第5.4.7条	1. 光纤接头及线路衰减数值、光中继段测试数值不符合设计要求或相关标准的规定； 2. 电缆音频段电性能数值不符合设计要求或相关标准的规定	未按工程设计图纸或施工技术标准施工	—	责令改正

表 5-4

传输监督检查事项

序号	检查环节	检查内容和方法	检查依据	常见问题或情形	定性	处理依据	处理措施
1	传输系统质量检验条件	1. 通信线路、时钟同步检查确认记录；2. 设备单机检验完成；3. 网络拓扑结构、数据配置符合设计文件要求	D21 第6.1.2条	传输系统质量检验前，未检查确认通信线路、时钟同步及设备单机检验结果，未核实网络拓扑结构和数据配置是否符合设计文件要求	未按工程设计图纸施工	—	责令改正
2	传输设备单机检验	1. 传输设备单机检验（SDH设备、OTN设备等）；2. 检验方法：对照设计文件和有关标准检查，参照相关标准的测试方法，用SDH测试仪、OTN测试仪、光谱分析仪、光功率计、光谱分析仪、可调衰减器、网络性能测试仪、时间分析仪等仪器测试性能参数	D21 第6.3.1条~第6.3.14条	1. SDH设备光电接口性能、抖动性能、冗余切换功能、以太网业务性能等参数不符合设计文件要求或相关标准的规定。2. OTN设备功能单元、光电接口性能、抖动性能、合波分波器性能、光放大器性能、光监控通道性能、光信噪比、时间同步精度、时钟同步精度及设备主控、交叉、时钟、电源等功能（1+1）保护不符合设计文件要求或相关标准的规定	未按工程设计图纸或施工技术标准施工	—	责令改正

106

续上表

序号	检查环节	检查内容和方法	检查依据	常见问题或情形	定性	处理依据	处理措施
3	传输系统检验	1. 传输系统检验(SDH设备,OTN设备等); 2. 检验方法:对照设计文件、产品技术文件和有关标准检查,相关标准的测试方法,用SDH测试仪、OTN测试仪、网络性能测试仪检测性能参数	D21 第6.4.1条~第6.4.13条	1. SDH设备接收光功率、误码率、抖动性能、保护倒换、同步方式、以太网透传功能、以太网二次交换功能、以太网业务丢包率、公务联络电话设置及呼叫功能等参数不符合设计文件要求或相关标准的规定; 2. OTN设备功能、系统性能、主光通路性能、同步方式、公务联络电话设置及呼叫功能等参数不符合设计文件要求或相关标准的规定	未按工程设计图纸或施工技术标准施工	—	责令改正
4	传输系统网管检验	1. 传输系统网管检验(网管设备等); 2. 检验方法:对照设计文件、有关标准和合同文件检查,通过网管终端操作检验	D21 第6.5.1条~第6.5.4条	1. 传输系统网管设备的硬件配置、软件版本、网元接入能力不符合设计文件或合同文件的要求; 2. SDH或OTN系统网管的故障管理、配置管理、性能管理、计费管理和安全管理功能不符合相关标准的规定; 3. 传输系统网管未提供北向接口	未按工程设计图纸或施工技术标准施工	—	责令改正

表 5-5 接入网监督检查事项

序号	检查环节	检查内容和方法	检查依据	常见问题情形	定性	处理依据	处理措施
1	接入网系统质量检验条件	1. 传输通道及电话交换网检查确认记录；2. 设备单机检验完成；3. 网络拓扑结构、数据配置符合设计文件要求	D21 第 7.1.2 条	接入网系统质量检验前，未检查确认传输通道，电话交换网检验结果，未核实网络拓扑结构和数据配置是否符合设计文件要求	未按工程设计图纸或施工技术标准施工	—	责令改正，罚款等
2	接入网设备安装和配线	1. 设备安装位置和方式，测试设备布线及配线检验（设备布线，设备接地，防雷等）；2. 检测方法：观察检测设备安装位置和方式，设备布线及防雷措施是否符合设计文件，使用维护的要求和有关标准的规定	D21 第 7.2.2 条~ 第 7.2.4 条	1. 设备安装位置和方式不符合设计文件使用维护的要求和有关标准的规定；2. 设备安装的稳固性、密封性不符合要求；3. 线缆布放及防护不符合设计文件、使用维护的要求；4. 线缆布放和捆扎不规范，线缆间隔，布放曲线半径等不符合有关标准的规定；5. 线缆布放防护，防火及防雷措施不符合有关标准的规定；6. 缆线破损；7. 线缆两端标识不全，预留量不足；8. 接地方式不符合设计文件，使用维护的要求和有关标准的规定	未按工程设计图纸或施工技术标准施工	—	责令改正，罚款等

续上表

序号	检查环节	检查内容和方法	检查依据	常见问题或情形	定性	处理依据	处理措施
3	接入网设备单机检验	1. 接入网设备单机检验（EPON设备，GPON设备等）； 2. 检验方法：对照设计文件和有关标准检查，参照相关标准的测试方法，用光功率计、光衰减器、V5信令分析仪等仪器测试性能参数	D21 第7.3.1条~ 第7.3.10条	1. EPON或GPON设备传输光接口性能参数不符合设计文件要求或相关标准的规定； 2. 业务节点STM-1接口、GE接口、E1接口、Z接口、FXO接口、V5接口等不符合设计文件要求或相关标准的规定； 3. 接入网设备的主控、电源等关键板件冗余配置不符合设计文件要求或相关标准的规定	未按工程设计图纸或施工技术标准施工	—	责令改正
4	接入网系统检验	1. 接入网系统检验（EPON设备，GPON设备等）； 2. 检验方法：对照设计文件和有关标准检查，参照相关标准的测试方法进行检测性能参数	D21 第7.4.1条~ 第7.4.3条	1. 传输时延、吞吐量、长期丢包率等参数不符合设计文件要求或相关标准的规定； 2. 设备不具备光纤倒换功能； 3. 设备不具备电话业务功能	未按工程设计图纸或施工技术标准施工	—	责令改正

续上表

序号	检查环节	检查内容和方法	检查依据	常见问题或情形	定性	处理依据	处理措施
5	接入网网管检验	1. 接入网网管检验（网管设备等）；2. 检验方法：对照设计文件、有关标准和合同文件检查，通过网管终端操作检验	D21 第7.5.1条～第7.5.3条	1. 接入网管设备的硬件配置、软件版本、网元接入能力不符合设计文件或合同文件的要求；2. 接入网管的故障管理、配置管理、性能管理、安全管理和日志管理功能不符合相关标准的规定；3. 接入网管未提供北向接口	未按工程设计图纸或施工技术标准施工	—	责令改正

表5-6

电话交换监督检查事项

序号	检查环节	检查内容和方法	检查依据	常见问题或情形	定性	处理依据	处理措施
1	电话交换网系统质量检验条件	1. 传输通道及时钟同步网检查确认记录；2. 数据配置符合设计文件要求	D21 第8.1.2条	电话交换网系统质量检验前，未检查确认传输通道及时钟同步网，未核实数据配置是否符合设计文件作要求	—	—	责令改正

续上表

序号	检查环节	检查内容和方法	检查依据	常见问题或情形	定性	处理依据	处理措施
2	电话交换网系统检验	1. 电话交换网系统检验（电话交换接入设备等）；2. 检验方法：对照设计文件、产品技术文件和有关标准检查，参照相关标准的测试方法，用模拟呼叫器、信令分析仪、协议分析仪等仪器测试性能参数	D21 第8.3.1条～第8.3.8条	1. 电话交换网设备的时分复用（TDM）交换系统功能及性能不符合相关标准的规定；2. 基于IP的电话交换网功能及性能不符合相关标准的规定；3. TDM交换系统关键单元、基于IP的电话交换系统冗余配置及倒换功能不符合相关标准的规定；4. 电话交换网的局间信令和中继电路呼叫功能不符合相关标准的规定；5. 电话交换网的容量、话务负荷能力等参数不符合设计文件的要求	—	—	责令改正
3	电话交换网网管检验	1. 电话交换网管检验（网管设备等）；2. 检验方法：对照设计文件、有关标准检查，通过网管终端操作检验	D21 第8.4.1条～第8.4.3条	1. 电话交换网管设备的硬件配置、软件版本、网元接入能力不符合设计文件或合同文件的要求；2. 电话交换网管的故障管理、配置管理、性能管理和安全管理功能不符合相关标准的规定；3. 电话交换系统网管未提供北向接口	—	—	责令改正

表 5-7

数据通信网监督检查事项

序号	检查环节	检查内容和方法	检查依据	常见问题或情形	定性	处理依据	处理措施
1	数据通信网系统质量检验条件	1. 光纤及传输通道检查确认记录； 2. 设备单机检验完成； 3. 数据配置符合设计文件要求	D21 第 9.1.2 条	数据通信网系统质量检验前，未检查确认光纤、传输通道及单机检验结果，未核实数据配置是否符合设计文件要求	未按设计文件施工	—	责令改正
2	数据通信网设备单机检验	1. 数据通信网设备单机检验（路由器、网络交换机等）； 2. 检验方法：对照设计文件、产品技术文件和有关标准检查，参照相关标准的测试方法检测性能参数	D21 第 9.3.1 条～ 第 9.3.4 条	1. 路由器设备的接口中心波长，平均发送光功率，平均接收光功率，接收灵敏度，路由表容量，转发延迟，端口吞吐量，丢包率等性能不符合设计文件的要求或相关标准的规定； 2. 网络交换机设备的接口中心波长，平均发送光功率，突发长度，过负荷，地址缓存能力，时延和时延抖动，丢包率等性能不符合设计文件的要求或相关标准的规定； 3. 数据通信电源、主控等功能板卡冗余配置不符合设计文件的要求和相关标准的规定； 4. 数据通信网设备数据配置不符合相关标准的规定	未按设计文件施工	—	责令改正

续上表

序号	检查环节	检查内容和方法	检查依据	常见问题或情形	定性	处理依据	处理措施
3	数据通信网系统检验	1. 数据通信网系统检验(路由器、网络交换机等); 2. 检验方法:对照设计文件和有关标准检查,参照相关标准的测试方法,通过网管终端、操作终端或网络测试仪等操作检测	D21 第9.4.1条~ 第9.4.5条	1. 数据通信网的连通性不符合设计文件的要求; 2. 数据通信网的端到端性能不符合相关标准的规定; 3. 系统功能、网络安全配置和功能、时间同步等不符合设计文件的要求或相关标准的规定	未按设计文件施工	—	责令改正
4	数据通信网网管检验	1. 数据通信网网管检验(网管设备等); 2. 检验方法:对照设计文件、有关标准和合同文件检查,通过网管终端操作检验	D21 第9.5.1条~ 第9.5.3条	1. 数据网网管设备的硬件配置、软件版本、网元接入能力不符合设计文件或合同文件的要求; 2. 数据通信网元级管理系统功能不符合相关标准的规定; 3. 数据通信网网管未提供北向接口	未按设计文件施工	—	责令改正

第五章 ◇ 铁路通信工程质量监督检查

有线调度通信监督检查事项

表 5-8

序号	检查环节	检查内容和方法	检查依据	常见问题或情形	定性	处理依据	处理措施
1	有线调度通信系统质量检验条件	1. 传输系统、数据通信网、移动通信系统检查确认记录；2. 设备单机检验完成；3. 网络拓扑结构、数据配置符合设计文件要求	D21 第10.1.2条	有线调度通信系统质量检验前，未检查确认传输系统、数据通信网、移动通信系统及设备单机检验结果，未核实网络拓扑结构和数据配置是否符合设计文件要求	未按设计文件施工	—	责令改正
2	有线调度通信设备单机检验	1. 有线调度通信设备单机检验（调度交换机、调度台、值班台、数字语音记录仪等）；2. 检验方法：对照设计文件和有关标准检查，参照相关标准的测试方法检测性能参数和功能	D21 第10.3.1条~第10.3.5条	1. 有线调度通信设备中继接口、用户接口类型及性能等不符合相关标准的规定；2. 调度交换机的主控部分、交换网络、电源模块冗余配置及倒换功能不符合设计文件的要求及有关标准的规定；3. 调度台/值班台的功能及性能不符合相关标准的规定；4. 数字语音记录仪的功能不符合相关标准的规定	未按设计文件施工	—	责令改正

续上表

序号	检查环节	检查内容和方法	检查依据	常见问题或情形	定性	处理依据	处理措施
3	有线调度通信系统检验	1. 有线调度通信设备系统检验（调度交换机、调度台、值班台、数字语音记录仪等）； 2. 检验方法：对照设计文件、产品技术文件和相关标准检查，参照相关标准的测试方法，通过PCM通信分析仪、模拟呼叫器、信令分析仪、秒表、网管终端等检测性能及功能	D21 第10.4.1条~ 第10.4.7条	1. 有线调度通信系统传输性能、系统功能、内部呼叫接续故障率、主备用调度交换机倒换时间、时钟同步等性能参数不符合设计文件的要求或相关标准的规定； 2. 有线互联互通功能不符合GSM-R系统间通信功能不符合相关标准的规定	未按设计文件施工	—	责令改正
4	有线调度通信系统网管检验	1. 有线调度通信系统网管检验（系统网管设备等）； 2. 检验方法：对照设计文件、有关标准和合同文件检查，通过网管终端操作检验	D21 第10.5.1条~ 第10.5.3条	1. 有线调度通信系统网管设备的硬件配置、软件版本、网元接入能力不符合设计文件或合同文件的要求； 2. 有线调度通信系统网管的故障管理、性能管理、安全管理和配置管理功能不符合相关标准的规定； 3. 有线调度通信系统网管未提供北向接口	未按设计文件施工	—	责令改正

移动通信监督检查事项

表 5-9

序号	检查环节	检查内容和方法	检查依据	常见问题或情形	定性	处理依据	处理措施
1	质量检验条件	传输系统、数据通信网、有线调度系统和电磁环境测试检查确认记录	D21 第11.1.2条	GSM-R系统质量检验前,未检查确认传输系统、数据通信网、有线调度系统和电磁环境测试	未按工程设计图纸或施工技术标准施工	—	责令改正
2	杆塔基础及杆塔安装	1. 杆塔基础及杆塔安装(铁塔基础、铁塔安装、天线杆安装、杆塔防雷及接地等); 2. 检验方法:对照设计文件和有关标准,观察,取样检测	D21 第11.2.1条～第11.2.5条	1. 杆塔材料及构件不符合相关标准的规定或无具有相应资质的检测机构提供的检验报告; 2. 铁塔基础未进行混凝土抽样检测; 3. 铁塔基础及天线杆基础隐蔽部分影像资料缺失、不完整; 4. 构件材料未进行防锈处理; 5. 构件长度、弯曲、厚度等参数不符合设计文件要求;	未按工程设计图纸或施工技术标准施工	B02 第六十四条	责令改正,处罚等

续上表

序号	检查环节	检查内容和方法	检查依据	常见问题或情形	定性	处理依据	处理措施
2	杆塔基础及杆塔安装	1. 杆塔基础及杆塔安装（铁塔基础、铁塔安装、天线杆安装、杆塔防雷及接地等）； 2. 检验方法：对照设计文件和有关标准，观察、取样检测	D21 第11.2.1条~ 第11.2.5条	6. 铁塔基坑位置、开挖尺寸、基础深度及高程、地基承载力、钢筋配置及连接、地网安装等不符合设计文件的要求和有关标准的规定； 7. 塔靴与基础预埋螺栓连接不牢固，未做防腐处理； 8. 连接螺栓的强度等级、连接紧固度不符合设计文件的要求； 9. 铁塔防攀爬、防拆盗螺栓松动的安全措施不符合设计文件要求； 10. 铁塔平台、爬梯、天线加挂支柱、避雷针安装不牢固； 11. 无动荷载时，铁塔中线垂直倾斜大于塔高的1/1500； 12. 天线杆强度、安装方式不符合设计文件要求； 13. 铁塔、天线杆底座、天线杆防雷接地措施不符合设计文件要求和相关标准的规定	未按工程设计图纸或施工技术标准施工	B02 第六十四条	责令改正，罚款等

117

续上表

序号	检查环节	检查内容和方法	检查依据	常见问题或情形	定性	处理依据	处理措施
3	天线和射频同轴电缆安装	1. 天线和射频同轴电缆安装检验（天线和射频同轴电缆的外观、安装、电气性能、接地、电压驻波比等）； 2. 检验方法：对照设计文件和有关标准检查，参照相关标准的测试方法测试检验，通过驻波比测试仪检测性能	D21 第11.3.1条~第11.3.6条	1. 天线外观有变形、破损、断裂等现象； 2. 天线安装方式、高度、角度、间距等不符合设计文件和相关标准的规定； 3. 单盘射频同轴电缆的电气性能不符合有关标准的规定； 4. 射频电缆引入室内的方式及防水防火措施不符合设计文件的要求和相关标准的规定； 5. 视频同轴电缆防雷接地措施不符合设计文件要求和相关标准的规定； 6. 天线、射频同轴电缆的电压驻波比大于1.5	未按工程设计图纸或施工技术标准施工	—	责令改正
4	LCX安装	1. LCX安装检验（电气性能、敷设、接线、防雷和接地等）； 2. 对照设计文件和有关标准检查，参照相关标准的测试方法进行观察、检测	D21 第11.4.1条~第11.4.9条	1. 单盘LCX电气性能不符合设计文件要求和相关标准的规定； 2. LCX在隧道内、外的敷设不符合设计文件要求和相关标准的规定	未按工程设计图纸或施工技术标准施工	—	责令改正

续上表

序号	检查环节	检查内容和方法	检查依据	常见问题或情形	定性	处理依据	处理措施
4	LCX安装	1. LCX安装检验（电气性能、敷设、接续、防雷和接地等）； 2. 对照设计文件和有关标准检查，参照相关标准的测试方法进行观察、检测	D21 第11.4.2条~第11.4.8条	3. LCX敷设安全保护距离不符合相关标准的规定； 4. 直流隔断器、LCX防雷及接地不符合设计文件要求和相关标准的规定； 5. LCX接续不牢固； 6. LCX双向电压驻波比及传输衰耗性能不符合设计文件要求和相关标准的规定	未按工程设计图纸或施工技术标准施工	—	责令改正
5	接地装置	1. 接地装置检验（接地体、接地线、接地端子）； 2. 对照设计文件和有关标准检查，参照相关标准的测试方法进行观察、检测	D21 第11.5.1条~第11.5.4条	1. 接地装置的安装位置及方式不符合设计文件要求； 2. 接地体、接地线等之间的焊接符合相关标准的规定，焊接处未做防腐处理； 3. 接地线、接地体、接地端子连接不牢靠	未按工程设计图纸施工	—	责令改正

续上表

序号	检查环节	检查内容和方法	检查依据	常见问题或情形	定性	处理依据	处理措施
6	核心网检验	1.核心网检验(移动交换中心、归属位置寄存器、鉴权中心、智能网、GPRS服务支持节点、GPRS网关支持节点、域名服务器、认证服务器、短消息服务中心、设备冗余保护、时钟同步等); 2.检验方法：对照设计文件、产品技术文件和有关标准检查,参照相关标准的测试方法,进行性能和功能的检验	D21 第11.7.1条~第11.7.11条	1.移动交换中心、归属位置寄存器、鉴权中心、智能网、GPRS服务支持节点、GPRS网关支持节点、域名服务器、认证服务器、短消息服务中心等设备性能不符合设计文件的要求及相关标准的规定； 2.设备冗余保护不符合设计文件的要求及相关标准的规定； 3.时钟同步不符合设计文件的要求及相关标准的规定	未按工程设计图纸施工	—	责令改正

续上表

序号	检查环节	检查内容和方法	检查依据	常见问题或情形	定性	处理依据	处理措施
7	无线子系统检验	1. 无线子系统检验（基站、模拟光纤直放站、数字光纤直放站、干扰保护比、无线场强覆盖范围、最小接收电平、冗余保护和时钟同步等）；2. 检验方法：对照设计文件、产品技术文件和有关标准检查，参照相关标准的测试方法，进行性能和功能的检验	D21 第11.8.1条～第11.8.7条	1. 基站性能及功能不符合相关标准的规定；2. 模拟光纤直放站和数字光纤直放站性能及功能不符合设计文件的要求及相关标准的规定；3. 干扰保护比不符合相关标准的规定；4. 无线场强覆盖范围和最小接收电平不符合设计文件的要求及相关标准的规定；5. 设备冗余保护参数不符合相关标准的要求及相关标准的规定；6. 时钟同步不符合设计文件的要求及相关标准的规定	未按工程设计图纸施工	—	责令改正
8	终端检验	1. 终端检验（手持终端、车载无线终端）；2. 检验方法：对照设计文件和有关标准检查，参照相关标准的测试方法进行性能和功能检测	D21 第11.9.2条、第11.9.3条	1. 手持终端的相位误差、平均载波平均发射功率、静态参考灵敏度电平等性能参数不符合相关标准的规定；2. 车载无线终端库检功能不符合设计文件的要求	未按工程设计图纸施工	—	责令改正

综合视频监控监督检查事项

表5-10

序号	检查环节	检查内容和方法	检查依据	常见问题或情形	定性	处理依据	处理措施
1	系统质量检验条件	1. 承载网络的传输质量、网络带宽符合设计文件要求； 2. 设备单机检验完成； 3. 数据配置符合设计文件要求	D21 第14.1.2条	综合视频监控系统质量检验前，检查确认单机检验结果，未核实承载网络的传输质量及网络带宽、数据配置是否符合设计要求	未按工程设计图纸施工	—	责令改正
2	综合视频监控设备单机检验	1. 综合视频检验（摄像机、云台、存储设备、视频服务器等）； 2. 检验方法：对照设计文件和有关标准检查，参照相关标准的测试方法检测性能参数和功能	D21 第14.3.1条～第14.3.4条	1. 摄像机、云台功能及性能参数不符合设计文件的要求或相关标准的规定； 2. 存储设备配置、容量、电源模块冗余配置、硬盘在线插拔、存储保护功能、等性能参数不符合设计文件的要求或相关标准的规定； 3. 视频服务器电源冗余配置、分发及转发能力、硬盘保护机制及容量等性能参数不符合设计文件的要求或相关标准的规定	未按工程设计图纸施工	—	责令改正

续上表

序号	检查环节	检查内容和方法	检查依据	常见问题或情形	定性	处理依据	处理措施
3	综合视频监控系统检验	1. 综合视频监控设备单机检验(摄像机、云台、存储设备、视频服务器等); 2. 检验方法:对照设计文件、产品技术文件和有关标准检查,参照相关标准的测试方法进行检测	D21 第14.4.1条~ 第14.4.13条	1. 音频处理、视频存储、视频回放、视频分发和转发、音视频实时监视、云台镜头/云镜控制、视频分析、系统联动等功能不符合设计文件的要求或相关标准的规定; 2. 系统端到端时延、图像质量、系统关联相应时间、设备时间同步、告警图像录制时间等参数不符合相关标准的规定	未按工程设计图纸施工	—	责令改正
4	综合视频监控系统网管检验	1. 综合视频监控系统网管检验(系统网管设备等); 2. 检验方法:对照设计文件、有关标准和合同文件检查,通过网管终端操作检验	D21 第14.5.1条、 第14.5.2条	1. 综合视频监控系统网管设备的硬件配置、软件版本、网元接入能力不符合设计文件或合同文件的要求; 2. 综合视频监控系统网管的故障管理、配置管理、性能管理、安全管理和日志管理功能不符合相关标准的规定	未按工程设计图纸施工	—	责令改正

电源设备监督检查事项

表 5-11

序号	检查环节	检查内容和方法	检查依据	常见问题或情形	定性	处理依据	处理措施
1	电源设备验收和变电启动	1. 电源设备安装及配线完成并已验收合格； 2. 外部电源符合设计文件要求； 3. 电源设备接地符合设计文件要求	D21 第19.1.2条、第19.1.3条	电源设备系统质量检验前，未检查确认电源设备检验结果，未核实外部电源接入或电源设备接地是否符合设计文件要求	未按工程设计图纸施工	—	责令改正
2	电源设备检验	1. 电源设备检验（交流配电设备、直流配电设备、高频开关电源、UPS、蓄电池等）； 2. 检验方法：对照设计文件和有关标准检查，参照相关标准的测试方法检测性能参数和功能	D21 第19.3.1条～第19.3.5条	交流配电设备、直流配电设备、高频开关电源、UPS 及蓄电池的功能性能不符合设计文件的要求或相关标准规定	未按工程设计图纸施工	—	责令改正

电源及设备房屋环境监控（监控系统）监督检查事项

表 5-12

序号	检查环节	检查内容和方法	检查依据	常见问题情形	定性	处理依据	处理措施
1	系统质量检验条件	1. 传输系统、数据通信网检查确认记录； 2. 设备安装及单机调试完成； 3. 被控设备安装及调试完成	D21 第20.1.2条	监控系统质量检验前，未检查确认传输通道、数据通信网、单机设备和被控设备的安装调测结果	未按工程设计图纸或施工技术标准施工	—	责令改正
2	监控系统设备单机检验	1. 监控系统设备检验（监控中心服务器、监控站监控单元设备等）； 2. 检验方法：对照设计文件和有关标准检查，参照相关标准的测试方法检测性能参数，通过操作终端核查记录	D21 第20.3.1条、 第20.3.2条	1. 监控中心服务器设备电源模块冗余和存储容量不符合设计文件的要求或相关标准的规定； 2. 监控站监控单元存储告警记录时间不符合设计文件的要求或相关标准的规定	未按工程设计图纸或施工技术标准施工	—	责令改正
3	监控系统检验	1. 监控系统设备检验（监控中心服务器、监控站监控单元设备等）； 2. 检验方法：对照设计文件、产品技术文件和有关标准检查，参照相关标准的测试方法，检测性能参数和功能，通过监控终端检验	D21 第20.4.1条~ 第20.4.5条	1. 监控系统的监控对象、方式及内容不符合设计文件的要求或相关标准的规定； 2. 监控系统的功能及性能不符合相关标准的规定； 3. 监控中心未接入时间同步系统，监控站时间不同步； 4. 监控系统与通信综合网管系统、综合视频系统、直放站网管系统、照明系统的互联不符合相关标准的规定	未按工程设计图纸或施工技术标准施工	—	责令改正

第六章
铁路信号工程质量监督检查

本章介绍铁路信号工程质量监督检查的主要内容。铁路信号工程质量监督检查主要包括基本规定、室内设备、光电缆线路、地面固定信号、轨道占用检查装置、道岔转辙装置、应答器及室外地面电子单元。

一、主要检查内容

基本规定方面主要检查工程采用的材料、构配件和设备进场检验和各工序验收、专业间接口、隐蔽工程影像留存和验收等检查事项。

室内设备方面主要检查进场检验、设备安装、布线及配线、防雷及接地等检查事项。

光电缆线路方面主要检查光电缆进场检验、敷设、防护、接续、引入、箱盒安装及配线等检查事项。

地面固定信号方面主要检查地面固定信号进场检验、高柱信号机、矮型信号机、信号机单项检验、信号标志牌等检查事项。

轨道占用检查装置方面主要检查轨道占用检查装置进场检验、轨道电路室外设备、轨道连接线、轨道占用检查装置单项检验等检查事项。

道岔转辙装置方面主要检查道岔转辙装置进场检验、道岔转辙装置安装及配线、道岔转辙装置单项检验、道岔缺口监测设备等检查事项。

应答器及室外地面电子单元方面主要检查应答器及室外地面电子单元(LEU)进场检验、应答器单项检验等检查事项。

二、质量控制措施

1. 基本规定
1)进场检验和各工序验收
工程采用的材料、构配件和设备进场检验和各工序验收。

2）专业间接口

沟、槽、管、孔、设备房屋、场坪、防雷及接地、供电及通信通道等与相关专业之间的接口应按规定进行核验交接，并形成交接记录。

3）隐蔽工程影像留存

施工隐蔽工程影像资料留存。

4）验收

进场检验资料、检验批、分项工程质量验收表、分部工程质量验收表、单位工程质量验收表、核查和主要功能抽查记录表、感观质量检查记录表等。

2. 室内设备

1）室内设备、材料及构配件进场检验

（1）按进场的批次进行检验。

（2）规格、型号、数量符合设计文件和订货合同的要求。

（3）合格证、质量检验报告等质量证明文件，以及产品技术文件齐全并符合设计文件和订货合同的要求。

2）设备安装

（1）安装符合设计文件或验收标准规定。

（2）电源端子对机柜/架金属外壳绝缘良好。

（3）柜门与柜体、柜/架内设备与柜/架体等电位连接完整牢固等。

3）布线及配线

（1）室内布线符合设计文件或验收标准规定。

（2）焊接室内配线牢固。

（3）无绝缘破损、使用检验合格的材料，屏蔽护套可靠接地。

4）防雷及接地

（1）电源防雷箱、浪涌保护器、等电位接地端子板/排的安装符合要求。

（2）电源防雷接地、传输通道防雷接地、安全保护接地、光缆引入接地符合要求。

（3）接地线上严禁设置开关、断路器，接地线与压接端子的连接应牢固可靠，端子无松动，接地线无破损。

3. 光电缆线路

1）光电缆进场检验

（1）按进场的批次进行检验。

（2）规格、型号、数量符合设计文件和订货合同的要求。

（3）合格证、质量检验报告等质量证明文件，以及产品技术文件齐全并符合设计文件和订货合同的要求。

2）光电缆敷设、防护、接续及引入

（1）规格型号、敷设方式、物理路径符合标准。

（2）光电缆与其他线缆、设施的间距及防护符合设计文件或验收标准规定。

（3）直埋光电缆埋深符合验收标准规定。

（4）架空光电缆的架设符合设计文件或验收标准规定。

（5）光电缆接续、引入、弯曲等符合验收标准规定。

（6）同槽敷设多条光电缆时，无交叉。

（7）光电缆线路余留位置和长度符合设计文件要求。

（8）直埋光电缆标识和警示牌埋设符合验收标准规定。

3）箱盒安装及配线

（1）路基、桥梁、隧道、混凝土等地段箱盒安装符合验收标准规定。

（2）室外电缆接地符合标准。

（3）箱盒内电缆成端符合设计文件或验收标准规定。

（4）箱盒内电缆配线符合验收标准规定。

（5）分支接地引接线敷设及与综合接地系统连接符合验收标准规定。

4. 地面固定信号

1）地面固定信号进场检验

（1）按进场的批次进行检验。

（2）信号标志牌图案、颜色正确。

2）高柱信号机

（1）高柱信号机的安装符合设计文件。

（2）显示距离足够，安全距离足够。

（3）信号机与箱盒间配线采用配线电缆。

（4）高柱信号机接地符合验收标准规定。

3）矮型信号机

（1）高柱信号机的安装符合设计文件。

（2）显示距离足够，安全距离足够。

（3）信号机配线符合验收标准规定。

（4）信号机接地符合验收标准规定。

4）信号机单项检验

（1）信号机灯光颜色、主灯位及进路表示器位置、定位显示和状态关闭符合设计文件要求。

(2) 显示距离符合验收标准规定。

(3) 主、副灯丝电压符合验收标准规定。

(4) 主、副丝转换良好。

5) 信号标志牌

(1) 设置位置符合设计文件或验收标准规定。

(2) 安装位置符合铁路建筑限界规定。

(3) 与建/构筑物连接牢固,并有防松措施;连接螺栓采用双螺母紧固,螺栓露出防松螺母外的螺扣不应少于5mm。

(4) 信号标志牌应完整、无缺损,显示清晰。

5. 轨道占用检查装置

1) 轨道占用检查装置进场检验

(1) 按进场的批次进行检验。

(2) 规格、型号、数量符合设计文件和订货合同的要求。

2) 轨道电路室外设备

(1) 轨旁设备无侵限。

(2) 安装固定牢固。

(3) 设备安装符合铁路建筑限界规定。

(4) 室外设备防雷及接地符合验标规定。

(5) 完全横向连接、吸上线连接符合验标规定。

3) 轨道连接线

(1) 钢轨钻孔符合验标规定。

(2) 钢轨引接线、接续线、道岔跳线和并联线、横向连接线、轮对踏面诊断处连接线的安装符合设计文件或验标规定。

(3) 轨道连接线的固定符合验标规定。

4) 轨道占用检查装置单项检验

(1) 无绝缘轨道电路单项检验符合验标规定。

(2) 25Hz 相敏轨道电路单项检验符合验标规定。

(3) 不对称高压脉冲轨道电路室外设备检验符合验标规定。

6. 道岔转辙装置

1) 道岔转辙装置进场检验

(1) 按进场的批次进行检验。

(2)规格、型号、数量符合设计文件和订货合同的要求。

2)道岔转辙装置安装及配线

(1)安装符合设计文件或验标规定。

(2)密贴符合设计文件或验标规定。

3)道岔转辙装置单项检验

(1)密贴符合验标规定。

(2)电液转辙机的油路无渗漏和堵塞现象。

(3)道岔实际开向与操纵意图、继电器动作、定反位表示一致。

(4)多机牵引道岔各牵引点动作一致。

4)道岔缺口监测设备

(1)道岔缺口监测设备、道岔缺口监测设备配线、网络转换器安装应符合有关规定。

(2)设备金属镀层无锈蚀。

7．应答器及室外地面电子单元

1)应答器及室外地面电子单元(LEU)进场检验

(1)按进场的批次进行检验。

(2)规格、型号、数量符合设计文件和订货合同的要求。

(3)严格按照工序施工。

2)应答器

(1)应答器周围与金属体距离大于验收标准规定。

(2)应答器尾缆与应答器接口连接牢固。

3)室外地面电子单元(LEU)

(1)安装符合铁路建筑限界规定,固定牢固。

(2)光电缆引入固定牢固。

(3)防雷元件齐全,接地良好。

4)应答器单项检验

(1)设备编号与安装位置(含组内顺序)相符。

(2)报文符合设计文件要求。

三、监督检查事项

铁路信号工程质量监督检查项点主要有检查环节、检查内容和方法、检查依据、常见问题或情形、定性、处理依据和处理措施,具体内容详见表6-1～表6-7。

基本规定监督检查事项

表 6-1

序号	检查环节	检查内容和方法	检查依据	常见问题或情形	定性	处理依据	处理措施
1	材料、构配件和设备进场检验和工序验收	1. 检验资料（材料、构配件和设备进场台账、检验台账、合格证、厂家检验报告、检验批等）； 2. 现场检查	D22 第3.1.3条	1. 未按规定进行材料、构配件和设备检验，未检验先用或使用检验不合格的材料、构配件和设备； 2. 上道工序未按规定进行检查验收，已进行下道工序	未对材料、构配件、设备进行检验，使用不合格的材料、构配件、设备	B02 第六十四条、第六十五条	责令改正，罚款等
2	专业间接口	1. 核对设计文件； 2. 现场量测、观察	D22 第3.1.3条	1. 预埋管线、支持件、预留孔洞、沟槽、基础等不符合要求； 2. 房建专业为通信机房预留的电缆沟槽位置不符合通信专业设计需要	未按工程设计图纸或施工技术标准施工	B02 第六十四条	责令改正，罚款等
3	隐蔽工程影像资料	检查隐蔽工程影像资料	D22 第3.1.4条	1. 未按规定拍摄留存影像资料； 2. 影像资料主题不突出； 3. 影像影像资料缺失，不完整（需留存影像有：直埋光电缆、管道、铁塔基础、天线杆基础）	未按工程设计图纸或施工技术标准施工	B02 第六十四条	责令改正，罚款等
4	验收	查进场检验资料，检验批、分项工程质量验收表、分部工程质量验收表、单位工程质量验收表、核查主要功能、抽查记录表、感观质量检查记录表等	D22 第3.3.1条~第3.3.4条、第3.4.1条~第3.4.4条	1. 进场检验、检验批、分项工程、分部工程、单位工程验收不符合标准规定； 2. 验收支撑材料不齐全或未签字，但检验结论为"合格"； 3. 验收程序和组织不符合验标要求	验收程序不规范	—	责令改正

表 6-2

室内设备监督检查事项

序号	检查环节	检查内容和方法	检查依据	常见问题或情形	定性	处理依据	处理措施
1	设备及材料进场检验	1. 查检验资料（材料、构配件和设备进场台账、检验台账、合格证、厂家检验报告、检验批等）； 2. 现场检查	D22 第4.2.1条~ 第4.2.4条	未按规定进行材料、构配件和设备的进场检验；未检见或使用检验不合格的材料、构配件和设备	未对材料、构配件、设备进行检验，使用不合格的材料、构配件、设备	B02 第六十四条、 第六十五条	责令改正、罚款等
2	设备安装	1. 查落地式机柜/架、柜/架内设备、壁挂式设备、嵌入式设备、台式设备、落地式大屏、走线槽/架、蓄电池的安装及监控显示设备加电是否符合施工标准； 2. 现场检查	D22 第4.3.1条~ 第4.3.11条	1. 安装不符合设计文件或验收标准规定； 2. 电源端子对机柜/架金属外壳绝缘不好； 3. 柜门与柜体、柜/架内设备与柜/架体等电位连接不完整、不牢固等	—	—	责令改正
3	布线及配线	1. 查室内布线、室内配线、室内光缆配线是否符合施工标准； 2. 现场检查	D22 第4.4.1条~ 第4.4.7条	1. 室内布线不符合设计文件或验收标准规定； 2. 焊接室内配线不牢； 3. 有绝缘破损、使用检验不合格的材料；屏蔽护套没有可靠接地	—	—	责令改正

第六章 铁路信号工程质量监督检查

续上表

序号	检查环节	检查内容和方法	检查依据	常见问题或情形	定性	处理依据	处理措施
4	防雷及接地	1. 查电源防雷箱、浪涌保护器、等电位接地端子板排、电力牵引区段电缆引入接地、电源防雷接地、传输通道防雷接地、安全保护接地、光缆引入接地、室内设备房屋屏蔽网等是否符合施工要求； 2. 现场检查	D22 第4.5.1条~第4.5.11条	1. 安装不符合要求； 2. 电缆引入接地不符合要求	—	—	责令改正

光电缆线路监督检查事项　　　　　表6-3

序号	检查环节	检查内容和方法	检查依据	常见问题或情形	定性	处理依据	处理措施
1	光电缆进场检验	1. 查检验资料（材料、构配件和设备进场台账、检验台账、合格证、厂家检验报告、检验批等）； 2. 现场检查	D22 第5.2.1条~第5.2.3条	1. 未按规定进行材料、构配件和设备的进场检验；未检先用或使用检验不合格的材料、构配件和设备； 2. 上道工序未按规定进行检查验收，已进行下道工序	未对材料、构配件、设备进行检验，使用不合格的材料、构配件、设备	B02 第六十四条、第六十五条	责令改正，罚款等

133

续上表

序号	检查环节	检查内容和方法	检查依据	常见问题或情形	定性	处理依据	处理措施
2	光电缆敷设、防护、接续及引入	1. 查光电缆规格型号、敷设方式、物理路径；光电缆与其他线缆、设施的间距及防护；直埋光电缆接续；光空光电缆引入；多根光电缆同沟/槽敷设；光电缆线路余留位置和长度；直埋光电缆标识和警示牌埋设等是否符合施工要求； 2. 现场检查	D22 第5.3.1条~ 第5.3.14条	1. 规格型号、敷设方式、物理路径不符合标准； 2. 光电缆与其他线缆、设施的间距及防护不符合设计文件或验收标准规定； 3. 直埋光电缆埋深不符合标准规定； 4. 架空光电缆的架设不符合设计文件或验收标准规定； 5. 光电缆接续、引入、弯曲等不符合验收标准规定； 6. 同槽敷设多条光电缆时，有交叉； 7. 光电缆线路余留位置和长度不符合设计文件要求； 8. 直埋光电缆标识和警示牌埋设不符合验收标准规定	未按工程设计图纸或施工技术标准施工	—	责令改正
3	箱盒安装及配线	1. 查路基、桥梁、隧道、混凝土等地段箱盒安装；室外电缆接地；箱盒内电缆成端；箱盒内电缆配线等是否符合施工要求； 2. 现场检查	D22 第5.4.1条~ 第5.4.9条	1. 路基、桥梁、隧道、混凝土等地段箱盒安装不符合标准规定； 2. 室外电缆接地不符合标准； 3. 箱盒内电缆成端不符合设计文件或验收标准规定； 4. 箱盒内电缆配线不符合验收标准规定； 5. 分支接地引接线敷设及与综合接地系统连接不符合验收标准	未按工程设计图纸或施工技术标准施工	—	责令改正

第六章◇铁路信号工程质量监督检查

地面固定信号监督检查事项

表 6-4

序号	检查环节	检查内容和方法	检查依据	常见问题或情形	定性	处理依据	处理措施
1	地面固定信号进场检验	1. 查检验资料（材料、构配件和设备进场合格证、厂家检验报告、检验批等）； 2. 现场检查	D22 第 6.2.1 条、第 6.2.3 条	1. 未按规定进行材料、构配件和设备的进场检验；未检先用；或使用检验不合格的材料、构配件和设备； 2. 信号标志牌图案、颜色不正确	未对材料、构配件、设备进行检验；未检先用，使用不合格的材料、构配件、设备	B02 第六十四条、第六十五条	责令改正，罚款等
2	高柱信号机	1. 查高柱信号机的安装、信号机配线、电力牵引区段，高柱信号机接地等是否符合施工要求； 2. 现场检查	D22 第 6.3.1 条～第 6.3.3 条	1. 侵限或埋深不足； 2. 显示距离不足；安全距离不足； 3. 信号机配线不符合验收标准规定； 4. 高柱信号机接地不符合验收标准规定	—	—	责令改正
3	矮型信号机	1. 查矮型信号机的安装、信号机配线、矮型信号机金属支架或基础就近接地装置连接等是否符合施工要求； 2. 现场检查	D22 第 6.4.1 条～第 6.4.3 条	1. 侵限或埋深不足； 2. 显示距离不足；安全距离不足； 3. 信号机配线不符合验收标准规定； 4. 信号机接地不符合验收标准规定	—	—	责令改正

续上表

序号	检查环节	检查内容和方法	检查依据	常见问题或情形	定性	处理依据	处理措施
4	信号机单项检验	1. 查信号机灯光颜色、主灯位及进路表示器位置、定位显示和状态关闭、主副灯丝阴离、显示电压、主副丝转换及报警等是否符合施工要求； 2. 现场检查	D22 第6.5.1条	1. 信号机灯光颜色、主灯位及进路表示器位置、定位显示和状态关闭不符合设计文件要求； 2. 显示阴离不符合验收标准规定； 3. 主副灯电压不符合验收标准规定； 4. 主副丝转换及报警不良	—	—	责令改正
5	信号标志牌	1. 查接触网支柱上标志牌安装、立柱式标志牌安装、标志牌在T形梁上安装、壁挂式标志牌在防护墙、隧道壁、电缆槽壁上安装等是否符合施工要求； 2. 现场检查	D22 第6.6.1条~ 第6.6.4条	1. 设置位置不符合设计文件或验收标准规定； 2. 安装位置不符合铁路建筑限界规定； 3. 安装不牢固； 4. 埋深不足	—	—	责令改正

轨道占用检查装置监督检查事项

表 6-5

序号	检查环节	检查内容和方法	检查依据	常见问题或情形	定性	处理依据	处理措施
1	轨道占用检查装置进场检验	1.查检验资料(材料、构配件和设备合格证、检验合格证、厂家检验报告、检验批等); 2.现场检查	D22 第7.2.1条	未按规定进行材料、构配件和设备的进场检验;未检先用;或使用不合格的材料、构配件和设备	未对材料、构配件、设备进行检验,使用不合格的材料、构配件、设备	B02 第六十四条、第六十五条	责令改正,罚款等
2	轨道电路室外设备	1.查轨道电路设备安装情况; 2.现场检查	D22 第7.3.1条~第7.3.15条	1.轨旁设备侵限; 2.安装固定不牢固; 3.设备安装不符合铁路建筑限界规定; 4.室外设备防雷及接地不符合验标规定; 5.完全横向连接、吸上线连接不符合验标规定	—	—	责令改正
3	轨道连接线	1.查钢轨钻孔、钢轨引接线、接线、道岔跳线和并联线、横向连接线的安装、钢轨伸缩调节器处连接线的安装、轮对踏面诊断处连接线、轨道连接线的固定等是否符合施工要求; 2.现场检查	D22 第7.4.1条~第7.4.8条	1.钢轨钻孔不符合验标规定; 2.钢轨引接线、接线、道岔跳线和并联线、横向连接线、轮对踏面诊断处连接线的安装不符合设计文件或验标规定; 3.轨道连接线的固定不符合验标规定	—	—	责令改正

续上表

序号	检查环节	检查内容和方法	检查依据	常见问题或情形	定性	处理依据	处理措施
4	轨道占用检查装置单项检验	1. 无绝缘轨道电路单项检验、25Hz相敏轨道电路单项检验、不对称高压脉冲轨道电路检验、室外设备检验设备检验等是否符合施工要求；2. 现场检查	D22 第7.5.1条～第7.5.3条	1. 无绝缘轨道电路单项检验不符合验标规定；2. 25Hz相敏轨道电路单项检验不符合验标规定；3. 不对称高压脉冲轨道电路室外设备检验不符合验标规定	—	—	责令改正

表6-6 道岔转辙装置监督检查事项

序号	检查环节	检查内容和方法	检查依据	常见问题或情形	定性	处理依据	处理措施
1	道岔转辙装置进场检验	1. 查检验资料（材料、构配件和设备进场合格台账、合格证、厂家检验报告、检验批等）；2. 现场检查	D22 第8.2.1条、第8.2.2条	未按规定进行材料、构配件和设备的进场检验；未检先用；或使用检验不合格的材料、构配件和设备	未对材料、构配件、设备进行检验，使用不合格的材料、构配件、设备	B02 第六十四条 第六十五条	责令改正，罚款等
2	道岔转辙装置安装及配线	1. 查安装装置、外锁闭装置的安装、转辙机及密贴检查器安装、转辙机及密贴检查器配线、道岔杆件安装及连接等是否符合施工要求；2. 现场检查	D22 第8.3.1条～第8.3.5条	1. 安装不符合设计文件或验标规定；2. 密贴不符合设计文件或验标规定	—	—	责令改正

续上表

序号	检查环节	检查内容和方法	检查依据	常见问题或情形	定性	处理依据	处理措施
3	道岔转辙装置单项检验	1. 查转辙装置手动转换检验、外锁闭装置的安装,转辙装置加电检验等是否符合施工要求; 2. 现场检查	D22 第8.4.1条、第8.4.2条	1. 密贴不符合验标规定; 2. 电液转辙机的油路出现渗漏和堵塞; 3. 道岔实际开向与操纵意图、继电器动作、定位反位表示不一致; 4. 多机牵引道岔各牵引点动作不一致	—	—	责令改正
4	道岔缺口监测设备	1. 查道岔缺口监测设备安装、道岔配线、网络转换器安装等是否符合施工要求; 2. 现场检查	D22 第8.5.1条~第8.5.3条	1. 视频摄像头与转辙机缺口相对位置不正确; 2. 道岔编号显示室内外不一致; 3. 设备安装不牢固	—	—	责令改正

应答器及室外地面电子单元监督检查事项

表 6-7

序号	检查环节	检查内容和方法	检查依据	常见问题或情形	定性	处理依据	处理措施
1	应答器及室外地面电子单元(LEU)进场检验	1. 查检验资料(材料、构配件和设备进场合格证、检验台账、合格证、厂家检验报告、检验批等); 2. 现场检查	D22 第10.2.1条	1. 未按规定进行材料、构配件和设备的进场检验;未检无用;或使用检验不合格的材料、构配件和设备; 2. 上道工序未按规定进行检查验收,已进行下道工序	未对材料、构配件、设备进行检验,使用不合格的材料、构配件、设备	B02 第六十四条、第六十五条	责令改正,罚款等
2	应答器	1. 查应答器安装位置、应答器安装方位、应答器尾缆安装方式等是否符合施工要求; 2. 现场检查	D22 第10.3.1条~第10.3.4条	1. 应答器周围与金属体距离小于验收标准规定; 2. 应答器尾缆与应答器接口连接不牢固	—	—	责令改正
3	室外地面电子单元(LEU)	1. 查室外LEU安装、室外LEU光电缆引入及配线等是否符合施工要求; 2. 现场检查	D22 第10.4.1条、第10.4.2条	1. 安装不符合铁路建筑限界规定,固定不牢固; 2. 光电缆引入固定不牢固; 3. 接地不良	—	—	责令改正
4	应答器单项检验	1. 查设备编号安装位置(含组内顺序)、报文等是否符合要求; 2. 按照铁路列车运行控制系统工程检测规程,观察、检验	D22 第10.5.1条	1. 设备编号安装位置(含组内顺序)不相符; 2. 报文不符合设计文件要求	—	—	责令改正

附　　录
铁路建设工程监督检查常用的法律、法规、规章、制度、标准和规范

A. 法律

A01　《中华人民共和国建筑法》(1997 年 11 月 1 日第八届全国人民代表大会常务委员会第二十八次会议通过；根据 2011 年 4 月 22 日第十一届全国人民代表大会常务委员会第二十次会议《关于修改〈中华人民共和国建筑法〉的决定》第一次修正；根据 2019 年 4 月 23 日第十三届全国人民代表大会常务委员会第十次会议《关于修改〈中华人民共和国建筑法〉等八部法律的决定》第二次修正)

A02　《中华人民共和国招标投标法》(1999 年 8 月 30 日第九届全国人民代表大会常务委员会第十一次会议通过；根据 2017 年 12 月 27 日第十二届全国人民代表大会常务委员会第三十一次会议《关于修改〈中华人民共和国招标投标法〉、〈中华人民共和国计量法〉的决定》修正)

A03　《中华人民共和国民法典》(2020 年 5 月 28 日第十三届全国人民代表大会第三次会议通过)

A04　《中华人民共和国安全生产法》(2002 年 6 月 29 日第九届全国人民代表大会常务委员会第二十八次会议通过；根据 2009 年 8 月 27 日第十一届全国人民代表大会常务委员会第十次会议《关于修改部分法律的决定》第一次修正；根据 2014 年 8 月 31 日第十二届全国人民代表大会常务委员会第十次会议《关于修改〈中华人民共和国安全生产法〉的决定》第二次修正；根据 2021 年 6 月 10 日第十三届全国人民代表大会常务委员会第二十九次会议《关于修改〈中华人民共和国安全生产法〉的决定》第三次修正)

A05　《中华人民共和国铁路法》(1990 年 9 月 7 日第七届全国人民代表大会常务委员会第十五次会议通过；根据 2009 年 8 月 27 日第十一届全国人民代表大会常务委员会第十次会议《关于修改部分法律的决定》第一次修正；根据 2015 年 4 月

24 日第十二届全国人民代表大会常务委员会第十四次会议《关于修改〈中华人民共和国义务教育法〉等五部法律的决定》第二次修正)

A06 《中华人民共和国特种设备安全法》(2013 年 6 月 29 日第十二届全国人民代表大会常务委员会第三次会议通过)

A07 《中华人民共和国环境保护法》(1989 年 12 月 26 日第七届全国人民代表大会常务委员会第十一次会议通过;2014 年 4 月 24 日第十二届全国人民代表大会常务委员会第八次会议修订)

A08 《中华人民共和国环境影响评价法》(2002 年 10 月 28 日第九届全国人民代表大会常务委员会第三十次会议通过;根据 2016 年 7 月 2 日第十二届全国人民代表大会常务委员会第二十一次会议《关于修改〈中华人民共和国节约能源法〉等六部法律的决定》第一次修正;根据 2018 年 12 月 29 日第十三届全国人民代表大会常务委员会第七次会议《关于修改〈中华人民共和国劳动法〉等七部法律的决定》第二次修正)

A09 《中华人民共和国大气污染防治法》(1987 年 9 月 5 日第六届全国人民代表大会常务委员会第二十二次会议通过;根据 1995 年 8 月 29 日第八届全国人民代表大会常务委员会第十五次会议《关于修改〈中华人民共和国大气污染防治法〉的决定》第一次修正;2000 年 4 月 29 日第九届全国人民代表大会常务委员会第十五次会议第一次修订;2015 年 8 月 29 日第十二届全国人民代表大会常务委员会第十六次会议第二次修订;根据 2018 年 10 月 26 日第十三届全国人民代表大会常务委员会第六次会议《关于修改〈中华人民共和国野生动物保护法〉等十五部法律的决定》第二次修正)

A10 《中华人民共和国野生动物保护法》(1988 年 11 月 8 日第七届全国人民代表大会常务委员会第四次会议通过;根据 2004 年 8 月 28 日第十届全国人民代表大会常务委员会第十一次会议《关于修改〈中华人民共和国野生动物保护法〉的决定》第一次修正;根据 2009 年 8 月 27 日第十一届全国人民代表大会常务委员会第十次会议《关于修改部分法律的决定》第二次修正;2016 年 7 月 2 日第十二届全国人民代表大会常务委员会第二十一次会议修订;根据 2018 年 10 月 26 日第十三届全国人民代表大会常务委员会第六次会议《关于修改〈中华人民共和国野生动物保护法〉等十五部法律的决定》第三次修正)

B. 行政法规

B01 《建设工程安全生产管理条例》(2003 年 11 月 12 日国务院第 28 次常务会议通

过,2003年国务院令第393号公布)

B02 《建设工程质量管理条例》(2000年1月30日国务院令第279号公布;根据2017年10月7日《国务院关于修改部分行政法规的决定》第一次修订;根据2019年4月23日《国务院关于修改部分行政法规的决定》第二次修订)

B03 《建设工程勘察设计管理条例》(2000年9月25日国务院令第293号公布;根据2015年6月12日《国务院关于修改〈建设工程勘察设计管理条例〉的决定》第一次修订;根据2017年10月7日《国务院关于修改部分行政法规的决定》第二次修订)

B04 《中华人民共和国招标投标法实施条例》(2011年12月20日国务院令第613号公布;根据2017年3月1日《国务院关于修改和废止部分行政法规的决定》第一次修订;根据2018年3月19日《国务院关于修改和废止部分行政法规的决定》第二次修订;根据2019年3月2日《国务院关于修改部分行政法规的决定》第三次修订)

B05 《铁路安全管理条例》(2013年7月24日国务院第18次常务会议通过,2013年8月17日国务院令第639号公布)

B06 《生产安全事故报告和调查处理条例》(2007年3月28日国务院第172次常务会议通过,2007年4月9日国务院令第493号公布)

B07 《保障农民工工资支付条例》(2019年12月4日国务院第73次常务会议通过,2019年国务院令第724号公布)

B08 《建设项目环境保护管理条例》(1998年11月29日国务院令第253号公布;根据2017年7月16日《国务院关于修改〈建设项目环境保护管理条例〉的决定》修订)

B09 《国家突发环境事件应急预案》(国办函〔2014〕119号)

B10 《民用爆炸物品安全管理条例》(2006年5月10日国务院令第466号公布;根据2014年7月29日《国务院关于修改部分行政法规的决定》修订)

C. 部门规章

C01 《铁路建设工程质量监督管理规定》(2015年3月12日交通运输部公布;根据2021年12月23日交通运输部《关于修改〈铁路建设工程质量监督管理规定〉的决定》修正)

C02 《违反〈铁路安全管理条例〉行政处罚实施办法》(2013年12月24日交通运输部令第22号公布;根据2021年11月19日交通运输部《关于修改〈违反《铁路安全

管理条例〉行政处罚实施办法〉的决定》修正)

C03 《建设工程勘察设计资质管理规定》(2007年6月26日建设部令第160号公布;根据2016年9月13日住房和城乡建设部令第32号修改)

C04 《建筑业企业资质管理规定》(2015年1月22日住房和城乡建设部令第22号公布;根据2018年12月22日住房和城乡建设部令第45号修改)

C05 《工程监理企业资质管理规定》(2007年6月26日建设部令第158号公布;2015年5月4日住房和城乡建设部令第24号第一次修改;根据2016年10月20日住房和城乡建设部令第32号第二次修改;根据2018年12月22日住房和城乡建设部令第45号第三次修改)

C06 《注册建造师管理规定》(2006年12月28日建设部令第153号公布;根据2016年9月13日住房和城乡建设部令第32号修改)

C07 《注册监理工程师管理规定》(2006年1月26日建设部令第147号公布;根据2016年9月13日住房和城乡建设部令第32号修改)

C08 《工程建设项目施工招标投标办法》(2003年3月8日国家计委、建设部、铁道部、交通部、信息产业部、水利部、民航总局令第30号公布;根据2013年3月11日国家发展改革委、工业和信息化部、财政部、住房城乡建设部、交通运输部、铁道部、水利部、广电总局、民航局令第23号修订)

C09 《工程建设项目货物招标投标办法》(2005年1月18日国家发展改革委、建设部、铁道部、交通部、信息产业部、水利部、中国民用航空总局令第27号公布;根据2013年3月11日国家发改委、工业和信息化部、财政部、住房和城乡建设部、交通运输部、铁道部、水利部、广电总局、民航局令第23号修改)

C10 《铁路建设管理办法》(2003年7月31日铁道部令第11号公布)

C11 《铁路建设工程勘察设计管理办法》(2006年1月4日铁道部令第26号公布)

C12 《勘察设计注册工程师管理规定》(2005年2月4日建设部令第137号公布;根据2016年9月13日住房和城乡建设部令第32号修改)

C13 《建设工程勘察质量管理办法》(2002年12月4日建设部令第115号公布;根据2007年11月22日建设部令第163号第一次修改;根据2021年4月1日住房和城乡建设部令第53号第二次修改)

C14 《建设项目竣工环境保护验收暂行办法》(国环规环评〔2017〕4号)

C15 《人力资源社会保障部 交通运输部 水利部 能源局 铁路局 民航局关于铁路、公路、水运、水利、能源、机场工程建设项目参加工伤保险工作的通知》(人社部发〔2018〕3号)

C16 《铁路建设项目变更设计管理办法》(铁建设〔2012〕253号)

C17 《危险性较大的分部分项工程安全管理规定》(2018年3月8日住房和城乡建设部令第37号公布)

C18 《铁路营业线施工安全管理办法》(国铁运输监〔2021〕31号)

C19 《关于进一步加强隧道工程安全管理的指导意见》(安委办〔2023〕2号)

C20 《国家铁路局关于铁路工程投资估算预估算设计概(预)算执行〈企业安全生产费用提取和使用管理办法〉有关问题的通知》(国铁科法〔2023〕7号)

D. 规范性文件

D01 《铁路工程基本作业施工安全技术规程》(TB 10301—2020)

D02 《铁路路基工程施工安全技术规程》(TB 10302—2020)

D03 《铁路桥涵工程施工安全技术规程》(TB 10303—2020)

D04 《铁路隧道工程施工安全技术规程》(TB 10304—2020)

D05 《铁路轨道工程施工安全技术规程》(TB 10305—2020)

D06 《铁路通信、信号、信息工程施工安全技术规程》(TB 10307—2020)

D07 《铁路电力、电力牵引供电工程施工安全技术规程》(TB 10308—2020)

D08 《铁路轨道工程施工质量验收标准》(TB 10413—2018)

D09 《铁路路基工程施工质量验收标准》(TB 10414—2018)

D10 《铁路桥涵工程施工质量验收标准》(TB 10415—2018)

D11 《铁路隧道工程施工质量验收标准》(TB 10417—2018)

D12 《铁路通信工程施工质量验收标准》(TB 10418—2018)

D13 《铁路信号工程施工质量验收标准》(TB 10419—2018)

D14 《铁路电力工程施工质量验收标准》(TB 10420—2018)

D15 《铁路电力牵引供电工程施工质量验收标准》(TB 10421—2018)

D16 《铁路混凝土工程施工质量验收标准》(TB 10424—2018)

D17 《高速铁路路基工程施工质量验收标准》(TB 10751—2018)

D18 《高速铁路桥涵工程施工质量验收标准》(TB 10752—2018)

D19 《高速铁路隧道工程施工质量验收标准》(TB 10753—2018)

D20 《高速铁路轨道工程施工质量验收标准》(TB 10754—2018)

D21 《高速铁路通信工程施工质量验收标准》(TB 10755—2018)

D22 《高速铁路信号工程施工质量验收标准》(TB 10756—2018)

D23 《高速铁路电力工程施工质量验收标准》(TB 10757—2018)

D24 《高速铁路电力牵引供电工程施工质量验收标准》（TB 10758—2018）

D25 《铁路建设工程监理规范》（TB 10402—2019）

D26 《铁路声屏障工程设计规范》（TB 10505—2019）

D27 《铁路工程环境保护设计规范》（TB 10501—2016）

D28 《检验检测机构资质认定管理办法》（2021年6月1日国家市场监督管理总局令第38号公布）

D29 《检验检测机构监督管理办法》（2021年4月8日国家市场监督管理总局令第39号公布）

D30 《检验检测机构资质认定能力评价 检验检测机构通用要求》（RB/T 214—2017）

D31 《混凝土结构工程施工质量验收规范》（GB 50204—2015）

D32 《建筑地基基础工程施工质量验收规范》（GB 50202—2018）

D33 《建筑基坑支护技术规程》（JGJ 120—2012）

D34 《钢结构工程施工质量验收标准》（GB 50205—2020）

D35 《屋面工程质量验收规范》（GB 50207—2012）

D36 《建筑装饰装修工程质量验收标准》（GB 50210—2018）

D37 《砌体结构工程施工质量验收规范》（GB 50203—2011）

E. 其他

E01 《铁路工程建设市场秩序监管暂行办法》（国铁工程监〔2016〕3号）

E02 《铁路建设工程材料构件设备产品进场质量验收监督管理办法》（国铁工程监〔2017〕65号）

E03 《铁路工程建设项目竣工验收监管指导意见》（国铁工程监〔2020〕28号）

E04 《铁路工程建设失信行为认定记录公布管理办法》（国铁工程监〔2018〕76号）

E05 《复杂地质条件下铁路建设安全风险防范若干措施》（国铁工程监〔2017〕82号）

E06 《关于进一步开放铁路建设市场的通知》（建市〔2004〕234号）

E07 《关于继续开放铁路建设市场的通知》（建市〔2006〕87号）

E08 《工程勘察资质标准》（建市〔2013〕9号）

E09 《工程设计资质标准》（建市〔2007〕86号）

E10 《建筑业企业资质标准》（建市〔2014〕159号）

E11 《施工总承包企业特级资质标准》（建市〔2007〕72号）

E12 《建筑业企业资质管理规定和资质标准实施意见》（建市〔2015〕20号）

E13 《工程监理企业资质标准》(建市〔2007〕131号)

E14 《工程监理企业资质管理规定实施意见》(建市〔2007〕190号)

E15 《注册建造师执业管理办法(试行)》(建市〔2008〕48号)

E16 《注册建造师执业工程规模标准(试行)》(建市〔2007〕171号)

E17 《铁路建设工程招标投标监管暂行办法》(国铁工程监〔2016〕8号)

E18 《建筑工程施工发包与承包违法行为认定查处管理办法》(建市规〔2019〕1号)

E19 《高速铁路竣工验收办法》(铁建设〔2012〕107号)

E20 《铁路建设项目竣工验收交接办法》(铁建设〔2008〕23号)

E21 《国务院办公厅关于清理规范工程建设领域保证金的通知》(国办发〔2016〕49号)

E22 《国务院办公厅关于全面治理拖欠农民工工资问题的意见》(国办发〔2016〕1号)

E23 《建设工程质量保证金管理办法》(建质〔2017〕138号)

E24 《铁路营业线施工安全管理办法》(国铁运输监〔2021〕31号)

E25 《广铁集团铁路营业线施工安全管理实施细则》(广铁运发〔2012〕310号发布;根据2015年广铁运发〔2015〕2号修改)

E26 《广东省实施〈中华人民共和国招标投标法〉办法》(2003年4月2日广东省第十届人民代表大会常务委员会第二次会议通过;2018年11月29日广东省第十三届人民代表大会常务委员会第七次会议修订)

注:上述法律法规、规章、标准、管理办法等文件如有修订、更新,以最新版为准。